あと四十日

Noch 40 Tage

"フルトヴェングラーの証人"による現代への警告

ヴェルナー・テーリヒェン 著
Werner Thärichen

Takeo Noguchi 野口剛夫 編訳

アルファベータブックス

はじめに

ヴェルナー・テーリヒェンという人の名は、まずはベルリン・フィルハーモニーでフルトヴェングラーとカラヤンという二人の大指揮者のもと演奏したティンパニーの名手として、そして我が国でも東京芸大をはじめとする音楽学校で教鞭を執り、多くの打楽器奏者に強い感化と影響を与えた名教師として、一部の人々には知られていた。

テーリヒェンには作曲家としての面もあり、彼の作曲したティンパニー協奏曲は、ソロをすることの少ないこの楽器のための代表的なレパートリーとなっている。音楽大学でティンパニーを専攻する人は、卒業までにこの協奏曲を演奏することを避けるわけにはいかないほどである。また、他にもピアノ、ヴァイオリン、フルートなどいろいろな楽器のための協奏曲や、劇音楽など、その作品数は七十以上にもなる。

彼は一九八四年にオーケストラを退団後、文筆家としての才能も発揮し、最初の著作は大きな話題になった。原題は『ティンパニーの響き』（一九八七年）だが、我が国で刊行される際には『フルトヴェングラーかカラヤンか』となって、そのセンセーショナルな書名からも多くの人々に読まれたはずである（高辻知義訳　音楽之友社　一九八八年）。この時に、テーリヒェンは音楽家だけでなく、一般の音楽愛好者にも広く知られることになった。

その後、一九九一年には二冊目の著作『つねに繰り返されるバビロン、あるいは魂の言葉としての音楽』が刊行された。邦訳題は『あるベルリン・フィル楽員の警告――心の言葉としての音楽』となっている（平井吉夫・高辻知義訳　音楽之友社　一九九六年）。

ベルリン・フィルハーモニーという、音楽界をリードし世界に強い影響を与える楽団で、フルトヴェングラーとカラヤンという、およそ正反対の個性を持つ指揮者を続けて体験したことが、テーリヒェンに真に重要な気付きを与えた。だからこそ、彼はその音楽家としての任を超えて、あえて文筆で世の中に語り掛けなければならなかったのであろう。

最初の著書『フルトヴェングラーかカラヤンか』が、テーリヒェンの音楽家としての自叙伝という役目も果たしつつ、対照的に語られることの多い二人の大指揮者を論じることで、彼自身の音楽観、音楽家としての立場が明らかになったのに対し、次の『あるベルリン・フィル楽員の警告』では、より踏み込んだ考察が見られる。カラヤンを、音楽文化を金儲けの手段にして堕落へともたらした現代の象徴的な人物であるとする一方、フルトヴェングラーの芸術的態度の中に、現代の病理的状況からの快癒の道を求める。

この二つの本が、テーリヒェン生誕百年を迎える今年（二〇二一年）に、邦訳書の出版社に確認すると、どちらも品切れになっており、増刷の予定はないという。彼の著作は既に十分に行き渡り、その任を終えたのだろうか。現状を見る限り、とてもそうは思えないのである。私の周囲の音楽家、愛好者にはテーリヒェンの名前を全く知らないか、かろうじて知っていても、どんな人であったかは全く知らないという場合が大部分である。（その後、『フルトヴェングラーかカラヤンか』は、中央公論新社より文庫本として今年十一月に再版されると聞き、少し安心した。）

テーリヒェンの著作を根底で支えているのは、一人の音楽家の私見にはとどまらない、広く音楽界全体を見据えた上での深刻な危機意識である。

彼は言う。私たちは今、音楽そのものへの愛を、自らの中に再確認することを急いでするべきなのではないか。本当に音楽に感動しているのか、自問自答しなければならない。音楽を使って自分を飾ったり、金を儲けたり、要するに利得や虚栄心のための道具として利用するということがあるとしたら、それが果たして自分にとっても、音楽にとっても本当に良いのかどうかを熟考するべきなのである。

表向き活況を呈していて、特に不足を感じられない環境にいる私たちは、こうしたテーリヒェンの警鐘に接すると大きな戸惑いを覚えるかもしれない。しかし、本当に深刻な病巣というのは、むしろ外からは見えない私たちの内奥にあって、意識されることはほとんど無いのかもしれない。音楽は魂の言葉であり、魂は心の最も純粋な部分に関わる。魂が死んでしまえば、音楽も死ぬのである。

テーリヒェンの二冊目の著作の「あとがき」からわかるのは、当時彼が三冊目を執筆中であるということだった。その本は結局完成されないまま、彼は世を去ったのだが、いくつかの論説や作品がほとんど刊行されないまま残された。

まず一九九五年にミュルツツーシュラークで開催された指揮者講習会の講習生のために印刷された小冊子『内面を見つめて――フルトヴェングラーを手掛かりに』である。これは「フルトヴェングラーを手掛かりに」と「男性的な作曲と女性的な作曲」という一九九四年に執筆された二つの論説から成る。

もう一つは、一九九七年にテーリヒェンがドイツのイエナ大学で行われた第一回フルトヴェングラー・ターゲで行った講演「フルトヴェングラーに見る、演奏の魅力と誠実」である。

さらに、二〇〇四年にフルトヴェングラーの没後五十年の催しのためにテーリヒェンが行った講演「魂の言葉」。

そして彼の最後の作曲作品となった音楽劇《あと四十日》である。これは聖書のヨナ書を題材にしており、主人公の音楽家ヨナが、様々な試練を経る中で、腐敗と堕落の極みに達した世の中から逃避をするのではなく、逆にそこに立ち向かっていかなければならないと自覚し行動する様が描かれている。私はフルトヴェングラーに関心を持ち、彼に関する学会に出席したことが縁でテーリヒェンと知り合い、この作品の初演を任されたのであるが、音楽劇の脚本にはテーリヒェンが達した最後の思想、境地が表現されていると考えられる。

そこで、本書では以上の論説、講演録と音楽劇の脚本を収録することになった。テーリヒェンが望んでいた三冊目の著作の役目を、本書が少しでも担うことができたなら幸いである。そして、現代の音楽界が、そして人間が抱える深刻な現状を考える上で、本書が希望へ至るきっかけを与えることになるとしたら嬉しい。

本書を編むにあたって、テーリヒェンの息子でジャズ・ピアニスト、作曲家のニコライ・テーリヒェン氏に感謝する。そして、このようななかなか刊行が難しい内容のものを形にして下さった、㈱アルファベータブックスの春日俊一社長と編集の結城加奈女史には心よりお礼を申し上げたい。

二〇二一年十一月　野口剛夫

目次

第1章　内面を見つめて——フルトヴェングラーを手掛かりに

小冊子『内面を見つめて――フルトヴェングラーを手掛かりに』（"Verinnerlichen-Auf den Spuren Wilhelm Furtwänglers"）は、一九九五年一～二月にオーストリアのミュルツツーシュラークで開催された指揮者講習会のための Vorabdruck（公刊前の部分印刷）である。冊子の最初には「没後四十年を迎えるヴィルヘルム・フルトヴェングラー、そしてフィルハーモニーの我が同僚たちに心から捧げる」とある。

ここには二つの論説が収められているが、どちらも一九九四年十二月にベルリンで行われた国際デルフィック委員会の設立会議のために書かれたものである。テーリヒェンの二冊目の著書『あるベルリン・フィル楽員の警告』での訳者あとがき（高辻知義）によると、「デルフィック運動」は古代ギリシャのデルフォイに因み、金権にまみれ腐敗堕落したオリンピックに対抗しようとするもので、晩年のテーリヒェンはこの運動へ多大のエネルギーを割いていたという。「デルフィック・ゲームとは「紀元前六世紀から紀元後四世紀までの約一千年間、オリンピック開催の前年に四年に一度開かれていた詩と芸術、美と光、治癒の神アポロに捧げられた文化芸術祭典」であり、歴史が流れる中で忘れられていたが、「文化芸術と創造力の重視される時代的要求を背景に、多様な価値の文化芸術による疎通と交流の場を提供し、世界平和に貢献するため」、一九九四年にドイツのJ・クリスチャン・B・キルシュ博士により再興された（『日本経営者新聞』二〇一〇年一月二十五日　No・1）。私がテーリヒェンと付き合っている頃はほとんど興味を持つことのなかったことが悔やまれる。本来は崇高なスポーツの祭典となるはずが、その舞台裏でいろいろな不祥事を引き起こした二度目の東京オリンピックを終えた今、もし彼が生きていたら、何と言っただろうか。音楽もスポーツも結局は金の力によって支配されているとしたら、そのままでよいはずはあるまい。

最初の論説は「フルトヴェングラーを手掛かりに」。これの私による邦訳は、二〇〇二年一〜三、五〜六月の月刊『音楽現代』（芸術現代社）に、「魂の音楽――フルトヴェングラーの心を求めて」というタイトルで連載されている。

二番目の論説は「男性的な作曲と女性的な作曲」。本書のために訳出した。彼の二冊目の著書をお持ちの読者は、その中の「男―女」という章とも合わせてお読みいただきたい。

ミュルツツーシュラークでの指揮者講習会の様子は、最初の論説でいくらか知ることができるが、それは楽譜もオーケストラも使わない斬新なものでもあったようだ。私もテーリヒェン宅に滞在中、それに似た「講習」を受けたことがある。

ある日のこと朝食が済むと、テーリヒェンが「こっちの部屋に来ないか」と手招きしている。いったい何が始まるのかと思って行ってみると、私とテーリヒェンは二人で向かい合って立つことになり、彼から指揮棒を渡された。「さあ、今から〈悲しみ〉を指揮するんだ」と言われて戸惑わない人はいないだろう。そこにはオーケストラもなければ、演奏する曲の楽譜もないのだから。とにかく、冷や汗をかきながら、身体表現をするしかなかった。音楽どころか音は一切なく、「悲しみ」といっても泣き声を上げるわけにはいかない。無音の空間で半信半疑のまま、棒を持って私は必死に「踊った」。いや、踊りとは言えなかっただろう。むしろ、苦悶の表情を浮かべたパントマイムだった。テーリヒェンはそれをじっと見つめているだけで何も言わないし、表情にも出さない。猛烈に恥ずかしかったし、これが実際の演奏に役に立つのかと思ったりもした。正直に言えば、二度とやりたくなかった。

しかし、同時にこの体験から考えさせられたのは、日頃の私たちは何と多くの、また堅固な甲冑のようなものを身に付けて音楽をしているだろうか、ということである。常套的手段を駆使し、楽曲上で必要な、また楽員との意思疎通のため必要な約束事で自らをがんじがらめにして、私たちは演奏をしがちなのだ。技術的に見事に、大過なく演奏を成し遂げるためには、日頃の演奏者の大部分の努力は普段はそういうことに向けられているのである。

それは決して悪いことではないが、もう一方の大事なこと、音楽をしている本人の内面性の表出は、疎かになってしまうばかりか、時にはそれは余計なものとして抑圧される。そのほうが仕事としての効率は良いからだ。しかし、それでは私たちは生きた音楽をしていることにはならないのである。

それが日頃から当然のこととして行われるようになり、人々の意識の中に陣取ってしまえば、だんだんとエスカレートし、音楽のために生きるのでなく、逆に音楽を自らの事業のために、利益を得るために利用しようと開き直る人々が出てきても不思議はあるまい。

生身の人間が自らを開き、全力で取り組む音楽行為の本然の姿、それを私たちはテーリヒェンの言う「感受性のリハビリテーション」によって再確認するべきなのだろう。〔編訳者〕

フルトヴェングラーを手掛かりに

強制か誘惑か？

ヴィーンとグラーツの間には絵のように美しい町ミュルツツーシュラークがある。かつてヨハネス・ブラームスが何度も滞在したこの町の音楽学校は彼の名前を冠している。校長は指揮者で、何年にもわたって国際指揮者講習会を主宰してきた。それは年を重ねる毎に人気が高まり、多くの受講者を迎え、これまでヨーロッパ、アメリカ、そして極東の国々から、様々な肌の色の「棒振り」たちがやって来た。講習の費用が工面できない、かつて共産圏だった国からの参加者には、オーストリア政府が助成金を支払う。多くの参加者がまだ学生であるが、既にオーケストラや歌劇場と契約を交わしている者も何人かはいる。この講習の参加者全員にとっての目的は一つ、それは彼らが経験を交換し新しい刺激を得ようとすることである。私自身がそこに講師として赴くのは三回目だ。

ミュルツツーシュラークでは、いつも興味深いテーマがあったが、一九九四年には、

「強制か誘惑か」というモットーのもとで講習が行われた。私は「強制」には反対であるが、「誘惑」なら問題ないとも思わない。なぜなら「誘惑」は、人が自発的には望まないことをさせるよう骨折るに違いないからだ。たとえもっと優しい手段を用いたとしても結局は「強制」になってしまう。つまり、「誘惑」は飴を与えるが、必要とあれば鞭の使用をちらつかせる、というわけだ。

いずれにせよこれら二つの活動は、互いに通じ合っている。

強制は暴力を、誘惑は獲得を暗示している。すなわち、最初は誘惑していても、望まれた成果を出さなかった場合には、脅迫として強制しなければならないのだ。これら二つの行為の背景には、権威主義的な力ずくの態度がある。もちろん、本当の権威を持つ者は、人を強制も誘惑もできるのであるが、そんな時は結局、それを無意識で意図せずに行っているのである。

最初、専門誌にこの講習会のテーマ「強制か誘惑か」の広告が載り、そこに自分の名前を見た時、いささか誤解されるようで困ったことだと思った。しかし、広告というものは結局、人をそそのかすものでもあるし、この講習会には少なくとも百七十名の応募があったので（そして二十名の積極的な者だけが参加することになった）、講習が始まったら本来の問題を提起しようと思って、私は自分の気持ちをなだめたのだった。

講習が始まると、若い指揮者たちはオーケストラに、課題の作品の解釈について彼らの考えを伝えようと試みた。指揮棒を用いて、譜面台の上でリズムを叩いたり、際立って響くべき楽器群を指したりする。また、弦楽器が全弓で、管楽器が長い息で、より大きなフレーズを歌い切るべき時は、幅広い線と弧が描かれる。アクセントやスタッカートで奏する時は、指揮棒は跳ねたり鋭く突き出される。こうすると多くの人には指揮者が十分に思慮深いと映るし、聴衆には確実に良い印象を与える。そして強弱が変わったりすれば、この効果が実際に指揮者だけによって生じたものであるかのように思われるのだ。

そんな光景に出くわすと、テレビのスポーツ解説者と比較してみたくなる。サッカーなど団体競技で彼らは、選手の務めはたんにトレーナーの厳しい指示通りにやることであるとか、競技中の選手は試合の流れとか目指すゴールや得点にはほとんど無頓着である、などと言うからである。

演奏会場でこれと同じことがあるとすれば、それは指揮者が最高の集中と従属が容易になされるように楽員を感化するということであろう。多くの指揮者の意見によるとこれは「強制と誘惑」なくしては達成されないという。

そのために彼らは、現にスポーツの試合を勝たなければならないかのように必死でがんばる。しかし、指揮者が自らを余計であると感じてしまう時もあるかもしれない。すなわち、訓練された楽員たちが自分から指揮者の助けなしに全てを正しく演奏できる時である。そんな時は演奏が指揮者自身の労苦の成果とは全く関係ないことが多い。なぜなら、この曲を既に彼の同僚の指揮者たちが稽古し、楽員たちは何度となく演奏し、熟知するに至ったからである。こうなると、指揮者はただ指揮棒を持った腕を下ろして、そこに展開されるものに耳を澄ますだけということになる。つまり、同時にその場から抜け出し、聴衆や審査員の席に身を置くような気になるのだ。こんな場合、指揮者に勧められることが他にあるだろうか？　この問題はまた後で詳しく考えてみたい。

たとえ指揮者が先生から教わったこと全てを確実に行っても、自身の人間性を与えることができないなら、彼は哀れな人のままなのである。

男性原理と女性原理

ミュルツツーシュラークでは、ある年の講習生の中に三人の女性指揮者がいた。ほとんどが男性の音楽家の前で、彼女たちは明らかに見事なタクトを振った。今日に至るまで、社会で女性が主導的な地位を得るのはまれなことである。特に指揮という職業は男性の独壇場であったし、今もそうだ。そもそもこうなってしまったのはなぜだろう？

女性は指揮に向いていないのだろうか？　この問いを私たちはミュルツツーシュラークで極めて熱心に追い求めてきた。ともかくも、オーケストラに限らずグループを意識的に何かへ向かって動かそうとするのは、おそらく女性よりは男性の方が本来たやすくできるだろう。なぜなら、男性は一般に女性より厳格であり、伝統的に権力と関わってきたからである（男性にとって、支配することは難しくはない）。確かにこの点で男性に劣らない女性もいる（そして凌駕してすらいることもある）。しかし、一般に女性には権威にものを言わせて強制するということはなじまない。彼女たちはパートナーに非常な尊敬を払うのだ。また、同化と服従に慣れており、独裁的にふるまうことには抵抗を感じてしまうのだ。

女性は男性とは違う指揮をするのだろうか。ならば、どんな違いがそこにはあるのか。あるいは、女性はそもそも指揮をするべきではないのか。いずれにしても、女性は指揮の世界で主導的な地位には就いていないのである。

日本の音大でレクチャーを行うテーリヒェン

しかし、おそらく私たちは男性と女性についてではなく、むしろ男性的な性質と女性的な性質について熟考すべきではないだろうか。

女性であれ男性であれ、全ての人はその人格において男性、女性の両面を持っている。もしある指揮者が妥協なく権威をもって振る舞うなら、それは彼の本性が明らかに男性的な性質によって形成されていることに因るのだ。一方、繊細さをよりはっきりと感じさせ、パートナーからの刺激に反応するなら、その指揮者は女性的な部分によって強く導かれている。そこで、女性の指揮者は（もちろん男性の指揮者も）、明らかに女性的な特性を体現している同僚を模範とするのがよいのかもしれない。

しかし、そんな女性的な指揮者はそもそもいるのだろうか？　ミュルツツーシュラークで、多くの指揮者の性格について私たちは考えたが、その結果、彼らは全て多かれ少なかれ男性的な統率のスタイルによって刻印されている、あるいはそうであったことが結論付けられた。いわゆる女性的な性質はそれに反して滅多に見られなかった。

「女性的」な指揮者

しかし、その女性的な面に根差している指揮者も何人かはいるのである。そして、これらの例外において頂点にいるのがヴィルヘルム・フルトヴェングラーである。彼について私は自著『ティンパニーの響き (Paukenschläge)』〔邦訳書名『フルトヴェングラーかカラヤンか』高辻知義訳　音楽之友社〕の中で記したし、他にも多くの人が彼について書いている。この本を書いている間に、フルトヴェングラーにおいては女性的な性質が極めて大きな役割を果たしていたと考える私の自信は揺るぎないものとなった。彼は正確な合奏が危険にさらされようとも「反権威的」であった。彼の「男性的な」同僚が全く何の疑念も抱かないにもかかわらず、曲の開始で楽員が一緒に始めるために強制的に合図を与えることは、彼にはできなかった。既に予備拍の段階で、楽章全体の本質的なダイナミックとテンポがオーケストラへ示されているのである。

フルトヴェングラーにおいては他の指揮者とは全てが違っていた。まさに語り草になっているのは、フォルティッシモの開始における彼の難解な棒の振り方である。これによって、まさしく彼は無意識的に、他の者を服従させるべく

命令することへの嫌悪を描いていたのである。もちろん彼は始めるための心構えや準備を示しはした。しかし、演奏の開始そのものは彼のパートナーであるオーケストラに委ねられていたのだ。

演奏旅行の際に私はしばしば尋ねられたものだ。このオールを漕ぐような、かき混ぜるような動きで、混乱させられる多様な指揮をされたら、いったいオーケストラはどうやって一斉に音を出すのか、と。多くの評論家は、フルトヴェングラーがかくも情熱的に求める音をオーケストラがついに発するまで、指揮棒が下に振れる回数を数えようとした。ある者は七回、またある者は九回としたが、正確な数は誰にもわからなかった。

演奏が静かに始まる際も状況は変わらなかった。彼は響きがいつ始まるべきか決めようとはしなかった。前に手を差し出し、私たちから受け取りたい響きを彼の内面の聴覚によってずっと前から聴き取っていたということを、身振りや表情によって示したのだった。それから、彼は両手をゆっくりと下へともっていき、実際の響きをいつ始めるかは全くオーケストラに委ねたのだ。

指揮者が全神経を集中して非常な期待をしていることは、オーケストラにも聴衆にも伝わった。それに応じて、音楽家の出す音も「まだ響きの生じていない無」から実際に湧き上がってくる、念入りで温もりのあるものになった。フルトヴェングラーは形成されつつある重要な瞬間を、要求する仕草によって強いることはせず、ただ彼の音楽体験、感動する様子を私たちの眼前にさらけ出した。彼は自分のパートナーを、与える者の役割へと導き、感謝の気持ちをほとばしらせて、極めてすばらしい贈り物を受け取ったことを示したのだ。

七年間、私は音楽することにおいてこのまたとない体験ができた。その際、人が隣り合っている弦楽器のような大きなグループの中ではなく、ティンパニストとしてオーケストラの後方かつ上方で、真正面から彼に向って座っていた。そして、共に作り上げようとする可能性のために全身全霊で献身しようとする彼の望みと要求を感じたのである。フィルハーモニーの楽員は皆、彼が示してくれたように、この体験へと一心不乱に没入した。

フルトヴェングラーは、まさに音楽がそれ自体で現れるようにさせていた。いかに奇妙に見えようとも、特別な行為をさせるよう「鞭打つ」ことでオーケストラを駆り立てることはなかった。彼の全身は指先に至るまで、彼が音楽においてどう感じたか、和声の変化や新しい主題への移行をどう体験したか、を示していたのだ。そしてそれらはオーケストラに「有無を言わせず」伝達された。「有無を言わせず」とわざわざ引用符を付けたのは、フルトヴェングラーが私たちに決して強いないのに、他のいかなる指揮者よりも誠実で「有無を言わせない」説得力を感じさせたからである。

彼にとって響きはどんな音量でも崇高で調和していなければならず、野蛮なものは一切嫌いだった。ティンパニーの席にいる私ですら、柔らかく豊かな響きで溶け込むような音を生み出さねばならなかった。私たちがなしたのは全て「してよい」ことであって、命令され強いられた「しなければならない」ことではなかった。オーケストラの他の同僚も同じことを感じていた。フルトヴェングラーによって皆が自分を偉大で重要であると感じることができ、これは聴衆にとっても同じように体験されたのである。

また、こんなこともあった。聴衆を前にすると「男性的性質」の強い音楽家は自分が弱いと感じさせるのを避けていた。なぜなら彼らは、公の場ではおのれを取り繕うべきであること、「女性的性質」や感受性は秘密にし隠しておくべきものであること、そしてこのように大勢の前では決然と偉そうに登場しなければならないことを感じていたからである。この「男性的な男性たち」に私は、著名で経験を積んだ演奏家たちにアンケートが行われた時のことを伝えたいのである。BBCロンドンのアダム博士が私に報告したところによると、そのアンケートでは既に故人も含め、もう一度共演してみたい指揮者を挙げてもらったという。その結果、他の指揮者を遥かに引き離して断然のトップはフルトヴェングラーであったのだ！

さらにこんなことも思い出す。たくさんの客演指揮者たちが演奏会に登場したが、彼らが指揮棒を振り下ろしても、オーケストラからは即座の反応が返ってこなかったということがしばしばあったのである。彼らが学ばなければならなかったのは、オーケストラがフルトヴェングラーによって慣らされていたように、自ずと始めたくなるまで待つべきであったということだ。多くの指揮者はそんなことは考えず、リハーサルではオーケストラに演奏の正確な開始を自分の指示で出させるよう執拗に訓練した。指揮者が全く容赦ない時、楽員はリハーサルではその要望に従った。しかし、もはや演奏の中断ができない本番では、指揮者は音を出す側が適切な準備のできるまで待たねばならなかったのである。

フルトヴェングラーから楽員が学んだのは、オーケストラというものはただ指示を受け入れ、服従し、順応するばかりではなく、生み出し、響きを作り出す「男性的性質」をも体現できるということであった。彼によってこのオーケストラは一人の力強いパートナーへと養成されたのである。多くの「男性的な」指揮者たちは、それゆえこのオーケストラの状態を尊大で頑固であると感じていた。それにもかかわらず、彼らはこのフルトヴェングラーの響きを楽しむために、喜んで何度もやって来たのだ。

ただ、他のオーケストラ、特にイタリアのオーケストラにおいては、フルトヴェングラーが自分の考え方を伝えるのに難儀することもあった。イタリアでは、男性はだいたい私たちよりも「さらに男性的」である。それに伴い、オーケストラも指揮者の権威主義的な指導を期待するのであり、客演指揮者がオーケストラから教えられるということは滅多にない。イタリアでフルトヴェングラーは、はっきりと振り下ろしもっと厳しく主導権を握るべきである、と楽員たちから言われねばならなかった。彼らは現地の権威主義的な棒振りたちによって慣らされてきたのである。イタリアに限らず、厳格な「男性的性格」が支配する所では、フルトヴェングラーは同様の目に遭うことになった。

もし、フルトヴェングラーが結局「非男性的」であるとしたら、彼は「まともな男性ではない」のだろうか？　この問いはもちろんただの冗談と見なされてよい。まさしく彼は他に類を見ないほど女性を魅了したからである。指揮するフルトヴェングラーは聴衆に背を向けていたが、私たち楽員は聴衆の反応をよく観察できた。そして、熱狂的な淑女たちが非常に魅了されているので、彼がまさに男性としての魅力を本気で発揮しはしないか心配になったものだ。もちろん、彼の複雑な性格からして「たんなる男性」の振る舞いに終始することはなかったろうが。

女性においては、受け止めて応える役目だけを引き受けるのではなく、その女性的性質から独自の（「男性的な」）活動へ発展させるという、逆向きの経過が生じるかもしれない。（支配することに慣れている男性たちはこれを全くできないのだ！）女性が女性的ばかりか男性的な性質をも発達させるなら、なんとすばらしいハーモニーが生まれることだろう。

霊感を受け止める

フルトヴェングラーが自らをまず作曲家と感じていたということは重要である。ともかく指揮者として決定的に有利だったのは、彼が総譜を音符に忠実に演奏しただけでなく、演奏しようとする作品を作った作曲家の心情に可能な限り自分を同一化させられたということである。指揮者において男性的あるいは女性的構成要素のいずれかが優勢であるのと同様、作曲においてもこの二つの構成要素は人によって異なった配分にあることが感じ取れるのである。

フルトヴェングラーにとって作曲は、指揮と同じように、霊感を受け止めるための敬虔で静寂に満ちた営みであった。そうわかったのは、彼が練習の最中に作曲上の考えを言う時であった。彼が示した受容の姿勢、そして自らの中で発展している響きを畏敬の念をもって受け入れることによって、私たちもみな芸術家として豊かになっていったのである。フルトヴェングラーは批評家が彼とその活動をどう評価しているかということには関心がなかった。なぜなら、彼は理性的な熟慮に導かれていたわけではないからだ。作曲も指揮も、謙虚そして自らを与えるという内面の態度から発していたのだ。彼自身にはこの状態は意識されていなかった。そうでなければ、これがかくも敬虔に誠実に作用することはなかっただろう。それは彼の本質の表現であり、意図的な、頭脳によって導かれた、かく見せようという欲望では決してなかった。

この彼の本質は、技術的に加工され伝えられる音楽との関係（または関係を持たぬこと）においても明らかになった。自分の演奏を「録音」として初めて聴かされた時の彼の反応を今でも思い出す。私たち楽員はベルリンでフルトヴェングラーの指揮のもと、放送用の演奏の収録を行っていた。放送の前にマエストロは録音を聴き直さなければならなかった。その時の彼の顔つきはこわばり、いくらか懐疑的でもあった。そして、聴き入ろうとすればするほど、いよいよ真剣に、いや不機嫌にすらなっていった。彼は突如として、自分がもはや出来事の中央に立ってはいないことを、また、もはや自ら霊感を人に伝えることができなくなったことを悟らねばならなかったのである。

ついに彼は批判するというよりは呆れてこう言った。「これは確かに遅すぎますね」。生演奏ならば、テンポを速めたりしてその場で様々な操作ができるはずである。

音響技師や技術者たちに対して、彼は確かに新しい技術の可能性を正当に評価していた。しかし反対に、顔の表情にはこれについての喜びは見られなかった。彼は決して豊かになったとは感じなかったのであり、極めて重要なものが失われたと思った。いつものように、この感覚について彼は多くを語らなかったが、録音調整室を出る時の態度からは、全くの拒絶ではないにしても、失望がうかがわれたのである。

自らの感受性を鍛えよ

フルトヴェングラーについて考えた結果が驚異的で興奮させられるものであったため、私はやっきになって一つの確証を求めた。そこで、原稿のこの部分をフルトヴェングラーの未亡人であるエリーザベト夫人に送り、彼女の見解を求めたのである。極めて女性的な性質を持った夫と結婚したということを、彼女は受け入れてくれるだろうか?

返事はすぐに来た。なぜなら、私に述べられたところによると、その問いへの返事を書くのは彼女には容易なことであったからである。私の評価にははっきり同意できるということを、彼女はフルトヴェングラーが《フィデリオ》を指揮したザルツブルクでの体験によって強調した。ある練習の休憩の時、フルトヴェングラー夫人は音楽祭の指導的人物数人の他に、当時非常に有名だった占い師と一緒にいた。ある時に、この占い師は目隠しして芸術家の写真を渡されたが、彼は写っていた人々の特性だけではなく、男性的もしくは女性的な性質がその人間の中で占める割合をも言い表したのである。

フルトヴェングラー夫人は「この男性は、男性と女性がほぼ半々である」とか「この女性には六十パーセント男性の性質がある」など、彼の下したいくつかの判断をまだ覚えていた。

彼にフルトヴェングラー夫人が夫の写真を差し出すと、目隠しで何も見えないはずなのだが、写真の向きが逆さまのなのを元に戻し、非常に驚いていた。彼の判断はこうだった。「この男性は百パーセント女性的な人です。したがって男性によって支配されている世界ではとても危険にさらされます」。

このような体験をしていたので、フルトヴェングラー夫人は私の評価に全然驚かず、「全く賛同する」とのことだった。彼女によると、究極的な決定に至るのは夫にはしばしば辛いことだった。特に総譜を研究している時、大いに考えさせられる新しい魅力や力点、横の連関や背景をいつも見つけた。それゆえ彼は、自分の中で作品へのはっきりした関係が再び確立されるまでは、プログラムを別の曲に変更し、予定していた作品を後回しにしたいという衝動にしばしば駆られていた。死の年においてもなお、フルトヴェングラーはベートーヴェンの第九交響曲を演奏する際に獲得したであろう新しい洞察について報告している。彼は一つの作品を既に何度も指揮していても、過去の演奏の理念や定型に寄りかかろうとはしなかった。どんな作品と対決しても、常にそれは感受性を鋭くし、作品の言わんとする真実と誠実さを求める止むことなき生成と戦いであった。

こういうこともあった。練習中、彼は楽章の途中で演奏を中断し、じっと考え込んでしまうのである。何の説明もなく再開するが結局また中断する。私たち楽員には一言も発しない。彼には演奏が気に入らなかったのだろうか。

その時、何も言うことができなかったのは、おそらく自分が作曲家の状態に完全になりきるまでに至っていないことを彼が感じていたからだろう。フルトヴェングラーと関わり合っている私たちは、自己の内部の声に聞き入り問いかけている彼の姿勢を心得ていて、忍耐強く待ったので、彼は妨げられることなく新しい感動を受け止め完全に我がものとすることができたのである。

彼の自宅では日常の決まった事柄や金銭的なことは、別の人が管理していた。なぜなら、フルトヴェングラーは金には何の関心も持っていなかったからである。（今の音楽マネージメントのやり方は彼には嫌でたまらないものとなっただろう。）時間ぎりぎりまで彼は総譜に没頭していた。時間通りに練習に出かけなければならない時、ベルリンでの家政婦レンヒェンが部屋にやって来て、優しくしかし決然と彼を書斎机から連れ出す。「さあさ先生、いらして下さい。もう勉強はお終いですよ」。そして待たせてある車へ彼を用心深く引っ張り出すのだった。

熟考することで実際に究極の結論を見出すことも、それをオーケストラにはっきりと説明することも、フルトヴェングラーにはほとんど不可能であった。にもかかわらず、彼の解釈に新たに見られたどんな境地も、私たちには議論の余地なく究極のものであると思われた。

知識ではなく感受性で

作品に対してフルトヴェングラーが取ったこうした姿勢について、私が学生たちに話して聞かせる場合、彼らにとって何が有益だろうか。もし彼らがただ話だけを聞いて、フルトヴェングラーの外側の態度や行動の仕方を理解し、大きなキャリアに一歩近づくというひそかな希望を持って、彼をコピーしようと試みるなら、彼らにはいかなる利益にもならないだろう。たんに真似ることも、あるいは権威主義的な気取った態度をいっさい忘れようと意識しても、それは何ももたらしはしないのだ。知識によって人の態度を理解する限り、まだまだ足りないのだ。

むしろ絶対に不可欠なのは、自らの感受性で作品の背景を把握することである。努力の中心は、自らの内面においてもっと多くの女性的性質を生じさせることなのであり、このことは女性だからといって男性よりも簡単にできるというわけではない。そのような態度を体験することは、今日の世代の人間にも許されているのである！

ミュルツツーシュラークの指揮者講習会で私たちは、音楽するパートナーから受ける刺激をも演奏へと取り入れることをこれまで極めて意識して練習してきた。

一人の指揮者が部屋の真中に立ち、もう一人は指揮者と向かい合ってピアノに座ると、全く自由に様々な音量や速度でいくらかの長さの音楽を即興することになる。指揮者はテーマをどう形成するか自分の考えを身振りでピアニストに理解させなければならない。一方ピアニストはこの刺激を受け止め、自ら演奏でそれを表現しようとする。今や指揮者にとってのさらなる課題は、演奏者からの「答え」を理解し、それが彼の着想に沿っているか確かめることである。この結果に満足がいかないなら、彼はこの不完全な調和の原因を見つけ出さなければならない。彼の身体言語が誤解を招くものであったのかもしれないし、ピアニストが自分勝手にやりすぎたのかもしれない。ピアニストが彼のパートナーからの刺激に感受性を大いに働かせて共鳴し、それを極めて印象的に言い換えることにより、指揮者が奮い立って新たに刺激を覚えるなら、それは幸せな場合であると言えるだろう。そのようなやり方で与えることと受け取ることを交互に経験しながら、音楽は作られていく。

この稽古の間、他の講習参加者は二人の実演者を囲んで輪になって座ったり立ったりしている。しかし、彼らはたんに受動的な聴き手であるだけでなく、出来事を批判的に受け入れ、指揮棒で表現する。指揮棒は命令を与える道具ではなく、微妙な感情を受け止める装置なのである。全員が彼らの課題に没頭し、興味を絶やさなければ、発展のあらゆる細部、状況、段階を追いかけ、次に自身の体験からそれを叙述することができる。各人は個人に対しても全員に対しても発言でき、自身がパートナーにとって刺激的であり誠実であったかどうか、他人の判断を受けねばならない。

この評価法において、「メイン指揮者」とパートナーであるピアニストが知りえたのは、いつ彼らが確信をもって行動しどのような演奏を果たしたか、いつ魅力ある同じ価値の交換が起こり、あるいはどこで彼らが不誠実に見えたか、ということであった。意見が自然に相互に行きかえば、結果として誰も「論証」に頼らず、各人はその判断を自らの感受性に基づいてのみ下すことができた。それに、いつ、またはいかに信頼できる表現が発せられ受け止められたかということは、明瞭な多くの事例によってかなりはっきりと確定できた。

役割を交換して行なうパートナーシップから生まれるこのような発展と挑戦は、参加者が家にいてレコードによって音楽を聴きこみ、「棒を振る技術」をひねり出し、自らの人間性が与える影響を大きな鏡の前で吟味するよりも、確実にさらに多くの利益をもたらすのである。録音はすばらしいものではあるが、やはりそれはそれだけのものであり、聴き手と生きた影響を及ぼし合うことはない。なぜなら、録音はまさしく自発的な相互反応ができないからである。

鏡もそのままに反射するだけで、それに異議を唱えたりはしない。これに対してオーケストラは指揮者のとる態度と解釈について、全く別の意見を持ちえる。パートナーと行う公開の場での練習によってのみ、彼の状態が適切で実り豊かなものかどうか、彼自身や相手の中に何か新しいものを見出したかどうか、あるいは、ただ生気のない空虚さを表現しているだけかどうかが明らかになるのである。

女性的性質の促進

ここで私は立ち止まり、これまで述べてきた事柄について今一度熟考するよう読者に心よりお勧めしたい。多くの対話を重ねるうちに私が悟らざるをえなかったのは、受容する「女性的性質」と、積極的な行為や形成をする「男性的性質」との間にある矛盾を解くことは実に難しいということだ。すなわち、女性と男性双方の性質を持つ、全体としての人間が、音楽上のパートナーと相互に影響を及ぼし合うことになる。受け止め、触れ、感じることは、身体によって語り形作ることへと帰着する。もし私がこの指揮するフルトヴェングラーの創造する力を多年にわたって体験することができなかったら、このような問題をほとんど意識することがなかったであろうし、それをある程度わかるように叙述することは、さらに困難になってしまったであろう。

私たちが指揮者講習会の最初に練習し追求したのは、それゆえ次のような対置をはっきりと作り上げることに他ならなかったと言ってよかろう。

・双方向からの、発信と受信

・構想と実行

・命令と服従
・関わることと観察
・言うことと聞くこと
・他人に自分を与えることと他人を自らに迎え入れること
・行動と無為　等。

これらの対立概念は、両面が対をなすことで一つの独自の意味を持つことになるように、緊密に相互に結び合わされている。そして、片面は「片面」としてのみ存在するのではなく、同時にそれ自体としても存在しているのである。

こう考えれば、「命令と服従」には別の解釈が可能になる。服従することが他方から要求されず、自発的で誠実な献身を意味するとき、また立場が常に交代するとき、この対立概念からは権威主義的な階級秩序が失なわれるのだ。

こうした努力は、最初は意識的に頭脳によって制御されている。それから仲介の礼儀と情緒による交流が徐々に発達する。頭脳の中だけに成立し頭脳によってのみ演奏される音楽は、私たちの心を高めてくれる音楽ではありえない。自らの内面を開くことのできない人は、心から感動することもできないのである。

人間における女性的な部分を発見し、新たに体験し強めることができれば、理性的な理解から心身双方の受容と交流へと向かうよう感化しえる発展も起こる。しかし、そのことの必要性が十分に理解されているとはいえないため、何かが行われなければならない。もし、あるリズムを体の中に、あるいは「血」の中に取り込みたいなら、それを踊ってみなければならない。それが複雑なものに見えたとしても、全身にそのリズムが浸透し、それについての知識と思考が根付くまで、体験され足に染み付けられなければならない。これら全ては練習され、体験の新しい段階へ到達して完成するのである。

指揮講習でのこと、ある参加者が自分の内奥に即していない良い格好をすることに骨折っているという点で、他の多くの参加者の意見がまとまった。そこで彼は自分について熟考し内面へと入っていくことを始めたのである。この方法で自分自身を、また作曲者の多様な創造的素質を経験するのは、誰にとってもエキサイティングなことであった。

他人（オーケストラ）を前にしての態度が、幾人かにおいては目に見えて変化し始めた。断固として介入し意識的にふるまおうとする態度が、聞き入り受け止め、作品をさらに深く明らかにし、音楽家の献身に感謝して応ずるという欲求に座を譲った。指揮者が演奏会の後に、ソリストたち（オーケストラのソリストも）を順番に、そして後では全員を立たせ、自らも拍手に応えることで、自分の賞賛を表明することが大切なのではない。重要なのは音楽をしている瞬間に互いに有益な影響を与え合うということなのだ。

音楽は全ての人間のものである。私は音楽を聴き、踊ることができ、あるいはいろいろな動きやイメージに移し替えることができる。オーケストラを前にしてはいないが、ただ一人で夢中になって一心不乱に身振りをする指揮者たちを、私は観察してきた。そのような「無味乾燥な練習」は重要であるばかりか、決定的な役目を果たすものでもある。指揮者たちは特別なことを成し遂げようとか、あるいはこれでは何もできないなどと考えてはいけない。そうではなく、曲を書いている作曲家の念頭に浮かんでいたであろう、何によっても濁らされない理想の響きを追いかけてよいのである。

それから彼らがオーケストラの前に登場すれば、彼らは自分が受け取ったもの、そしてそれが彼らの中で引き起こした感情を披露することになる。しかし、指揮者の中でも「男性的性質の強い人」は、この無味乾燥な練習をなかなかできなかった。彼らは自分が指図できる部下を必要としたのである。

内面をさらけ出すこと

ミュルツツーシュラークにおける講習では、別の事件も起こった。三人の女性指揮者たちの一人が、自分は最も個人的な感覚をさらすことのできる状態にはないしその準備もできない、と告白したのだ。「日々の生活のあらゆる面で私はずっと自分を閉ざしてしまっているのに、どうやって心中を明かせというのでしょう⁉　私にとって人生はトランプ遊びのようなものなのです。誰でも自分のカードをのぞかせないようにしますが、もちろん他人がどんな切り札を持っているかということは知りたいし、見つけようともします。それなのにここで私は、自分が何であり何を感じているのか、あらいざらいさらけ出すべきなのですか⁉　確かにフルトヴェングラーはそれができたでしょう。彼は偉大ですばらしい人間でした。なんと意味深い切り札を彼は手にしていたことか！　それに比べて限られた能力と僅かの体験しかない私は、もし公衆の前で自分の内奥を表現しようとするなら、物笑いの種になり恥をかくでしょう……。それになにより、私よりも優秀で出たがっている人たちが、寄ってたかって私の弱点をつつき回すでしょう。もし指揮者が遠慮なく心をさらけ出すべきであるなら、オーケストラの前でも不安を覚えてしまうでしょう。私は精神的に傷つくことから自分を守らねばならないのに、全く無防備なのです」。

確かに彼女は正しい！　競争相手たちは共同体の中でも、または音楽の現場においても無慈悲である。指揮者をオーケストラの楽員はしばしば敵と見なしている。そして、自分たちのシェフの尊大な態度によって受けた屈辱感を語るのである。

このことを知る、または少なくとも予感しながらも、若い女性は仮面をはずしてこの稽古に加わるべきであろうか。自らを「猟犬の群れ」に委ね、本心を打ち明けるべきなのであろうか。

フルトヴェングラーは感じること以外の手段は持っておらず、あれこれと考えすぎることはなかった。彼の強い「女性的性質」は自身には全く意識されていなかった。私が当時そのことを悟って、なぜ彼が私をいとしそうにあるいは不安げに驚いて見たのか、あるいは彼がどのようにしてこの問題をも自らのうちに受け止め、彼の思想と感覚によって吟味したのかを質問できたら良かったのだが、彼からその態度決定の理由を聞くことはおそらく期待できなかっただろう。

私だけがこの感覚を持っているのではないことを強調しなければならない。フルトヴェングラーという人間、そして彼を支配者のように決然とふるまわないようにさせている芸術への畏敬の念を知る者は、私の抱いた印象を裏書きしてくれた。私はフルトヴェングラーが唯一の例外であり、自分の出会った他の全ての指揮者が独裁的な男性的性質に専心

していたと言うつもりもない。多くの人はいつのまにかどこかに定住してしまったのだ、大なり小なり「男性的」部分と「女性的」部分を持って。しかし、いつも優勢なのは、自らの素質と判断あるいは受けた教育によって、決然と自己を賞讃するようになってしまった「男性」なのである。

そこで私は、指揮者講習会でフルトヴェングラーの方法によって精神的深化の可能性を追求してみようと思ったのだ。なぜなら指揮者にとっては、一方的に主張するのみならず献身するという態度にも意味があるからだ。それに「女性的性質」を取り入れることのない態度からは、真の偉大さや誠実さは成長できないのである。

利己主義ではなく共感を

認められるまでの長く険しい道において、トランプ遊びに例えて言えば、将来の指揮者は勝負に勝ち、大金を稼ぐことができるようになりたいと望む。しかし、金だけが人を堕落させるのではない。名声への法外な誘惑もそうだ。

例に事欠かないのは、金と権勢をもたらす立派な経歴への欲望であるが、もう一方の、自分をさらけ出し誠実でいようとする欲求はこれとは相容れない。指揮者講習会は、経歴や権力を求める努力を支えるのではなく、総譜を読み解き、オーケストラとのパートナーシップを発展・促進させるために行われているのだ。そのためには、これまで述べてきたような共感も勇気もなければならない。もし、一人の若い女性がオーケストラに対して誠をつくして自らを開いてみせるなら、特別な技術を使う場合よりも、彼女に男たちは必ずもっと多くの注意と援助を寄せるだろう。しかし、この態度には長い学習過程を経ることによってしか到達できない。ある目的のためとか打算から、計算づくの素直さを演技しても、その人は不誠実なのである。まさに芸術家の中でもぎらぎらした「セールスマン」たちは本質的に、自分には価値があるという感情にあふれた誘惑的なショービジネスにたけており、この一般的傾向から指導力というものが引き出されるのはいっそうまれになってしまっているのだ。

大きな自作品を演奏したある指揮者の控えめなやり方が思い出される。彼の身振りや仕草は、彼の音楽が含んでいるエキサイティングな感情を僅かしか反映していなかった。私がそのことについて言うと、彼はこう答えたのである。「私は見せる指揮をするエンターテイナーではありませんから」。実際このところは、経歴を求めて自己顕示をする者であると思われるのを避けるために、ほとんどの指揮者が自らの最も誠実で深い感覚を吐露することはなくなってしまったのかもしれない。しかし、せめてもの慰めがあるとすれば、それはその指揮者といったほとんどの楽員と聴衆が、誠実な感覚とわざとらしい粉飾を区別できたということだろう。大事なのは、自らを虚心に告白し、それを定期的に練習することなのである。

もう一つの問題は、やる気満々の若い指揮者にとってのものである。彼らは何の感情も呼び起こさないような冷徹に構築された現代の作品と、自身の感覚をどのように向い合わせれば良いのだろうか。しかし、そもそも感情のない音楽というものはあるだろうか？まさに冷たさや空虚や心の喪失も、感情として特別に強く体験されるべきではないのだろうか？　もちろん、指揮者というものは、音楽に含まれているものの他に、彼の解釈として何か別のものを盛り込もうとするべきではない。しかし、作曲家が自分の作品をいかに構想したのか、またいかにそれを具現化するかということにしても、はっきりとわかる訳ではなく、意見が分かれることもしばしばである。

もし指揮者が彼の解釈を理由付けようとしたり、オーケストラに彼自身の意見を押し付けるのを止め、ただ彼自身がこの作品といかなるやり方で関係を持ったかを感じさせることができれば、あらゆる論争がたちまちに終息するのである。

確かに、温かさや幸福や楽観性は、冷たさや規定されていない感情よりもたやすく伝達できる。なぜなら、人間は積極的な感覚の方を受け入れるからである。しかし、この世界を音化し舞台で演奏しようとする者は、もし彼がただ積極的な感情、感動的な瞬間だけを評価し、他の全てをごまかそうとするならば、不誠実となるであろう。

指揮者は二重のパートナーシップを持ちつつ緊張にさらされている。すなわち、一つは作曲者とのパートナーシップ、もう一つはしばしばソリストや合唱団も加わるオーケストラとのそれである。二つのパートナーシップにおいて、指揮者は相手を援助する義務を感じている。作曲者に対してはこのことは自ずから明らかに理解されよう。なぜなら演奏に携わっている全ての関係者はその作品に奉仕しているからである。しかし、オーケストラに対しても同様のことが言える。本質的なことは響きなのであり、それを指揮者は彼のパートナーからのみ引き出すことができるからである。援助と誘惑にとっては、「女性的な」長所がより良い条件をもたらす。ときおり女性ですらも自らの女性的な性質を意識せずにはいられなくなるのだ！　私たちの講習会で、三人の女性指揮者たちは皆が献身的に勉学に打ち込み、一人は終了試験では非常に高い点を取った。

講習会の最初で、男性の同僚たちは、気前の良い時には決まってそうなるように、彼女たちをいくらか慇懃無礼に扱った。なぜなら、女性はこの職業においてはまさに現実のチャンスがこれまでなかったからである。しかし、講習会中に男性たちの態度は相当に変化した。明らかに彼らには真面目な競争心が芽生えた。「女性的性質」を増やすことが皆を豊かにすることがわかったのである。

そもそもミュルツツーシュラークでは、何人かがそのような「自らのうちに受け止めること」と「自らを与えること」に目覚め、それを仕事において非常に印象的なやり方で生かしていた。だから私は、彼らがオーケストラや支配人や主催者からそれに見合う地位をすぐに与えられることを強く望んでいる。

しかし残念ながら、彼らのその特質に対して相応の評価が与えられるとは限らない。結局、支配人はその「仕事」上、しかるべき地位を要求する人には競争というものがどうしても必要であると考えてしまう。一人の指揮者を採用しなければならない時、目立った意志の力と有無を言わせぬ実行力で成功できる「統率性」があると、それによっていともたやすく魅了されてしまうのだ。そして演奏会の聴衆やオペラの観劇者の多くも同じように反応する。したがって、「内面へ向いて誠実な」性質は、依然として「成功する」ということとは結び付かない。フルトヴェングラーが今生きていたとして、彼のやり方で指揮をしても全く受け付けられないほど、現在では権威主義的な路線は強くなっていないだろうか？　それに関して私たちは、ミュルツツーシュラークでの労苦がまだ時節に即応しているかどうかを自問しなければならなかった。なぜなら、そのような価値による立場は、今日の流通市場の実際とは一致せず、ともかくも未来にいくらかは変わるだろうという希望を抱く人たちだけの賛同を得たからである。しかし、このことについて熟考したり議論することは始まったばかりだ。次に踏み出すべき重要な一歩は、獲得された認識に沿って行動する勇気を奮い起こすことであろう。この行為はまさに変化させられた内面の態度を前提としている。練習するうちに、何人かの参加者の顔つきや動作が、その人なりの仕方で変化してきたのである。

　このような方向はミュルツツーシュラークでは非常に自明なものとして全ての参加者によって採用され、私たちは一九九五年の講習会をあえて「内面を見つめて」という表題の下に準備することができた。副題は「フルトヴェングラーを手掛かりに」というものであった。
私たちのうちでフルトヴェングラーのようになれる者はいないだろう。しかしそれでも、彼を手掛かりに行動することは重要な体験なのである。

前年の講習会で既に試したように、私たちは全ての参加者によるアンケートを尊重している。この講習会では全ての者が、すなわち講習生もオーケストラの楽員も、指揮している者についての印象を点数をつけることによって伝えなければならない。そしてその際、職人的な能力（指揮の技術）、情熱（自分自身、そしてオーケストラをやる気にさせる能力）、また第三にどのくらい指揮者が確信を持ち誠実に感じられたかということが評価される。これへの回答がたんに主観的なものであったにしても、各々の参加者にとっては重要な推論が引き出されるのである。なお、参加者は大勢の審査員から「評価される」ばかりでなく、自分の同僚の行為を評価することもできる。それに加え、参加者は詳しいアンケートでオーケストラを採点する機会を持つ。すなわち、自分の提案と指示がどれだけ受け入れられ反映されたか、そして、自分のパートナーの受容性には問題がなかったかどうか、ということについてである。

一九九四年の冬にわかったのは、似たようなアンケートと回答が人から軽んじられたり、あるいは感情を害したりすることは決してなかったということである。共に労苦することは信頼と融和を生んだ。各人は話し合って意見交換をしたり、大なり小なり成功した試みの原因を探求することに時間を費やした。

一般にそのような「講習会での作業」は、もし参加者が「訓練」の結論は一つでないことや、それが不断の成長や成熟にとってはたんに障害となるだけかもしれないということを知っている場合は、結果として満足すべきものとみなされてよい。

人が最も高くつく教師を探し、講習会から講習会へ、コンクールからコンクールへと渡り歩き、他人が期待すること全てをなし終えたとしても、芸術へと至る自分自身の道を発展させることができないなら、極めて貧しいものしか残らないのだ。

このことを私は徹底した「男性社会」において経験することができた。つまりそれはベルリン・フィルハーモニーのことである。その指導者はいつも男性であり、彼の「従者」は百二十人もの男性から成っていた。客演指揮者たちも同様に男性で、それは多くの場合、男性的性質が「百パーセント」であり、良くても男性的性質と女性的性質の「混合」だった。純粋に「女性的」だったのはフルトヴェングラーを除けばほんの少数だった。彼によって、「女性的性質」が積極的に影響を与えられる、独自の世界が成立したのだ。「男性的な面」に立脚する私たち他の全ての者は、自らを偉大で強くあるべきだと思っている。しかしながら、求めつつ造形している「女性的」な手から偉大さや強さを受け取ることによって、私たちは「男性的」になるのと同時に、女性的な感覚世界へと引き入れられたのである。その際フルトヴェングラーは、音楽を造り続けながらも、仲間たちに無理強いすることはなかった。極めてはっきりと示してくれた自分のヴィジョンを、彼は私たちを通じて実現していったのである。

私にとってフルトヴェングラーは、音楽と芸術についての体験のみならず、それを越えて人間相互の関係を形成するための鍵となった。彼は支配ではなく受容を、卑下ではなく謙虚を、命令ではなく静聴を、利己主義でなく共感を私に感じさせてくれたのだ。何より責任重大な権力との折衝の際に、私は彼によって力付けられ感化された。多くの指導的地位にいる人が抱く自己顕示の妄想よりも、この態度は本質的に豊かなものなのである。ほとんどの人間はそのような円熟に達するのは非常に後になってからであり、達しないで終わる場合もある。有無を言わせぬ運命を甘受することで、人間の魂はより深くなる。しかし、そのためにはしばしば過酷な運命の打撃を必要とすることもあるのだ。

この点で私はフェレンツ・フリッチャイを思い出す。彼は全生涯にわたって何よりも明らかに男性的性質が際立っていたのだが、その晩年の演奏会ではしばしばフルトヴェングラーのようだと評された。似た例はまだ他にもある。そこにおいては運命の打撃が当事者の芸術と人生に対する心構えを変化させたのだ。

男性的な作曲と女性的な作曲

作曲家たちはしばしばこの上なく称賛される。人々にとって想像を絶するのは、作曲家が極めて魅力的な和音やリズムを自分の中から一体どうやったら取り出せるのか――しかも注文に応じて――ということだ。そのような世界を自らの中に持ち、音によって表現できる作曲家というのは、特殊な人間であるには違いない。

作曲家と言えば、私たちはもっぱら男性について語ることになる。女性は何百年もの間、この分野で教育を受けたり、才能をそれにふさわしく伸ばすことは、まれであるか全く不可能であった。女性は奉仕する副次的役割に甘んじ、それに大なり小なり慣れてしまった。人間性というものが女性の降格によってどれだけ失われたかは、ようやく徐々に明らかになってきた。しかし、平等を目指す新しい「寛容な」法律は、この状況を改善していない。女性は大いに遅れを取り戻さねばならず、新しい国に足を踏み入れねばならないが、それは常に困難に直面する。どんな創造的な行為も、それは新しい領域を征服することなのであるが、この領域が既に男性によってほとんどを占められ、新参者が最初に注意深く歩み出すことに、男性たちの好奇の眼差しが向けられれば、この領域で大きな成功を得ようとする意欲は、おおかたの女性からたちまち消え失せてしまう。特に惨憺たる働きをしているのは「男性的な」批評家たちで、創造的な仕事をするにあたって女性は男性ほどには適していないことを彼らは証明しようとするのだ。

そもそも作曲に「女性としての」やり方があるだろうか、あるいは女性は男性を模倣せねばならないのだろうか？　女性の作曲技術については全くわからない。この考察はほぼ作曲家にのみ関するものなので、私たちはこう問うことができるかもしれない。作曲する際に男性ならでは、または女性ならではの力が働いているのだろうか。そしてそのような力はどこに認識されるのだろうか。

確かにベートーヴェンは自信満々の闘争性と男らしさを代表する存在だ。彼の歌曲を演奏する時、自らの気後れと困惑を感じる者は、かなり女性的な性質を持っているはずだ。ただ、困惑や不安と書いても、力強く英雄的な音楽よりも「さらに弱い」とは決して言い切れず、たいていは反対の場合になる。それはもっと大きな深みから不安や悲嘆は生まれるからなのだ。むしろ、男性的性質は、自分の優越を意識しつつ良い印象を与えようとするため、困惑を感じてもそれをしばしば巧妙にごまかそうとする。

ベートーヴェン作品の副次主題や緩徐楽章においては内面性が感動的に表現されている

ので、彼がたんに男性的な音楽家であるとは言い切れない。彼は唯一のオペラ《フィデリオ》で、女性の愛が男性の力の探求や残忍性に勝るとした。女性の愛は、もっと深い理解、忍耐、そして献身によって成立する。しかし、ベートーヴェンはこの静かな英雄主義をもってよしとはしない。彼の強い行動欲求と闘争性は、一人の可愛らしい女性——レオノーレ——を出来事の中心に置く。ベートーヴェンは彼女に男装させ、男性の傲慢と残忍性に抗して歌い闘わせる。彼女に与えられているのは共感という武器だけである。この女性によって、男性の行為は救済され完成されるのであり、女らしさと男らしさはこの人物によって幸せな完成と統一を迎える。「そのような妻を得た人は幸いなるかな！ 彼女こそこの夫の救済者であると、絶えず誉め歌おう」。ここで重要なのは夫婦であり、「男性の」考え方に抗する闘いなのである。これ以上ベートーヴェンはオペラを書く必要がなかったのだろう。この一つだけで彼にとっては十分だったからである。

ブラームスの第四交響曲

ミュルツツーシュラークでの指揮者講習会については既に述べた。この地でヨハネス・ブラームスは彼の第四交響曲を作曲したのだ。それから百十年後、この指揮者講習会は私たちが「フルトヴェングラーに倣って」労苦する作業場となっている。ブラームスは人間における男と女の配分を研究するのには、まさにうってつけの作曲家である。

彼の最初の二つの交響曲においては、若々しい行動意欲と創造の喜びが支配的である。もちろん、彼は繊細な問いかけをもたくさんするが、それへの答えと曲の最後にもたらされる効果には希望の喜びをたたえる生命感情があることに疑いは全くない。本質的に異なるのは第三交響曲で、全ての楽章で、終楽章でさえもブラームスは内省している。これらの楽章は、完全な「無」の中、謙虚に満ちて鳴り止むのである。多くの「男性的な」演奏者は、これには困惑してしまう。

そして、第四の最後の交響曲である。第一楽章は限りなく愛情のこもった旋律である。「愛撫するような統一体」［訳注　この交響曲の第一テーマの音高は上からの問いと下からの答えというように、対話の性質を内部にはらんでいる。その様子が二人の男女による「愛撫」のようにテーリヒェンには感じられたのであろう。］によって、献身と配慮に満ちている。守護と慰めがそれらを激しく求める世界に対して音となって現れ出たのだ。

ここで私は再度、この第一楽章に特に魅力を感じている指揮者が、これをどのように演奏すべきかを考えてみたい。愛撫する側が積極的な（男性的な）パートを引き受ける一方、愛撫される側が受動的に（女性的に）振る舞うならば、このイメージに共感する指揮者は、全世界を抱擁しようとする愛に満ちた者、偉大な愛撫する者となることができるかもしれない。

しかし、もし私たちがフルトヴェングラーに倣うとしたら、結果は全く違う。むしろ指揮者はブラームスによって愛撫する者になる。彼はオーケストラに、この作品によって自分の中に――愛撫し愛撫される者の中に――いかなる感情が呼び起されたかを伝える。そしてオーケストラは聴き手を愛撫するのだ。

何と多くの変奏がこの関連において考え出されたことか！「愛撫するような統一体」が実際に差し出されると、例えばその統一体にいかに憧れるか、またはそれに抗するか、というようなことについて長い間熟考されてきた。しかし、このようなテーマを考えることではなく、感じることと自らを与えることが重要なのである。考えることも科学もこの音楽においては本質的に成り立たなくなってしまうかもしれない。この第四交響曲の第一楽章はそれ自体で一つの世界なのである。

第二楽章（アンダンテ・モデラート）は独自の気分と（女性的な）存在を豊かな説得力で開示している。エヴァ・リーガーは彼女の著作『女性の音楽と男性の支配（Frau, Musik und Männerherrschaft）』［邦訳書名『音楽史の中の女たち』石井栄子、香川檀、秦由紀子訳　思索社　一九八五年］で、男性世界の大げさで力強い歩みに対する、女性的で不安げな小さな音程の歩みについて書いている。この主張によれば、第二楽章の二つの主要テーマではどちらも「女性的性質」が明らかである。最初のテーマでは音が反復され二度進行を二回した後、再び出発点の音にすぐ戻り、同じ二度進行を反対の方向へと試す。この両方向への進行はさらに二回ずつ反復されるが、やはり出発点の音に落ち着く。第二テーマでは、最初の音は順次進行で四度上まで進んだ後、下降し戻って来る。

注意深く細心に見れば、これはほとんど旋律とは言えない。それにもかかわらず、あるいはおそらくそれゆえに、まさに一つの偉大で深く感動的な音楽が生まれている。後に高揚し音量が増すとはいえ、これは「男性的な」誇示とは何も関係がない。ブラームスが曲中でこれほど多くのことを知らせているにもかかわらず、それがやかましい音の告知にはならず、彼の節度と静かな謙虚が、ここでは偉大と崇高を感じさせる。ブラームスはどうしても、第二楽章の後すぐに重要な最終楽章の作曲に着手せざるをえなかった。もっとがっしりした、一途な第三楽章スケルツォを、彼は後になって追加することになる。

最終楽章での祈りと敬虔の思いは、過去のこと、おそらく叶えたくても叶えられなかったことについての不安や悲しみによって覆われる。思考や感情が入り込めない極めて荒涼たる状態に対し、彼は世界や人間が蔑視されることに反対するのと同じように情熱的に立ちはだかる。パッサカリアにおいて、ソロ・フルートは希望や恩恵を喘ぎ求め、弦楽器はそれを伴奏し支えるように見える。しかし、そのリズムの無表情さが意味するのは――監獄の格子が等間隔になっているのに似て――異質で敵対的な現実による圧迫なのである。最初の三つの楽章では参加していなかったトロンボーンがコラールを響かせる。頻繁に差し挟まれる小休止つまり「短い息継ぎ」（半拍）は、疲労困憊そして絶望へと聴き手を誘っていく。再現部でブラームスは、リズムが同じ八小節をフォルティッシモで容赦なく聴き手に叩き込む。それはあたかも何か完全に新しいものが来れば、古いものは隠されてしまわねばならないかのようである。これに続く劇的な上下行の動きは、無援と絶望を知らせる。おそらくそれは、日頃より直面させられる強欲や無情を阻止し、有益な道筋に導くことへの無援であり、絶望なのだろう。

彼の第四交響曲の締めくくりは、第一交響曲のような澄明で解放的な終曲の効果をもはや持たない。この音楽はあっけなく終わってしまう。一回の短いドミナントと速やかな終止和音が、急速な四分の三拍子の厳格なテンポの中で現れる。

たいてい私たちは優しい慰めや、第四交響曲でも第一楽章のような輝かしい終止に憧れる。しかし、第四交響曲の最後では厳かな鎮静とか、さらには別れに際しても失われない勝利への信念のようなものは似合わない。ここで描かれている内的状態、すなわち多くの葛藤や未解決の疑念は、聴き手にも安らぎを与えてくれないだろう。

この息苦しくなるような理解を、私は彼の音楽を数限りなく演奏する時に、その音楽そのものから手に入れた。他の人ならば全く違った体験をしたかもしれない。私の記述が絶対的に正しく他人も知るべきだ、などと主張するつもりはない。しかし、私自身はブラームスのこの交響曲をこのように感じているのである。ここで語られた認識が私の同僚によって跡付けられるのは、一夜にしてはできないのは確かだ。また全てを説明しようと思うべきでもない。語りえないものは語りえないままに残したほうが良い。しかし将来、この女性的な道をフルトヴェングラーを手掛かりに、私たちが何とかして試みてみたいと心から思う。

重要なのは、一つの作品を解釈しようとする者は、明快な内面の立ち位置を見つけなければならないということだ。それが見つかれば、音楽を身体の言葉によって人に理解させることができる。

もちろん指揮者講習会における訓練では、このことに関して詳細に説明された。なぜなら、若い指揮者たちは作品についての独自の意見と、それらへの独自の内的な立場を発展させるべきであるからだ。しかし、どんな多くの言葉を費やしたとしても、一つの感情ですら表すことはできない。

ブラームスは第四交響曲の完成した部分をヘルツォーゲンベルク夫人とクララ・シュー

マンに送っている。出版前に二人の意見を聞くためだった。彼はそもそも女性の繊細な判断力を他の誰よりも高く買っていた。もし聴き手に正しく理解されなかったという感じを持ったら、作品を変えたり、全部を新しく書き直すことも厭わなかった。ブラームスの作品は彼の生命感情、寛大さ、そして質素と謙虚の表現であった。

ブラームスは第四交響曲を書いた後、さらに十二年生きたにもかかわらず、もう交響曲を書くことはなかった。彼は自分の精神状態を音へと移し替えたのである。そう、たゆみなく交響曲において自分に忠実であろうとした。そして、それは自分自身や同僚たちに投げかけられた究極の問題であった。ただ同じことを繰り返すこと、あるいは技巧的な変奏をして何度もこれみよがしに見せるということは、彼の念頭には浮かばなかっただろう。そして、独自の卓越性や偉大さを新たに証明するということは、彼には必要がなく適してもいなかっただろう。ブラームスはいつも彼自身であることができたし、自分自身を突き詰めることができた。自らの存在を体験することは、彼の本質を特色づける「女性的な」側面だった。一方、総譜において自らを展開し、全ての世界とそれを分かち合うことは、彼の「男性的な」衝動であり創造の喜びであった。それ以上の「男性的な」ものは彼には馴染まなかった。

ミュルツツーシュラークでのフルトヴェングラー・コースでは、女性的なものについて討論できるという点で、この第四交響曲よりも適切な交響曲はなかったと思う。

権力欲求は人の魂を滅ぼす

多くの女性著作者たちと、アルノ・グリューン〔訳注　スイスの心理学者（一九二三〜二〇一五）〕のような男性たちも同意しているのは、もっぱら男性において示されている男らしさは、人間の共生のためには著しく不利益になるということである。グリューンは彼の著作『自己に対する裏切り（Der Verrat am Selbst）』〔邦訳書名『遠い日の忘れもの』森直作訳　武田出版　二〇〇七年〕においてこのように書いている（原書八一ページ）。

「権力を欲することは人の魂を滅ぼす。……権力者のイメージは――意識しようとしまいと――彼の存在の目的になってしまうのだ。……本物の愛が成立できないのは、彼が気難しいので誰も求めようとしないからである。真剣に人と関わろうとしたり、人のことを知ろうとしたりすることが彼には無いし、彼自身すら避けられている。つまり、彼は見せかけだけで生きていて、それが通用しなくなると怒り、人殺しすらしかねないのである。」

グリューンは男性、そしてどんな人間にも程度の差こそあれ与えられている男性的性質のことを言っているのだ。「男性的な」悪趣味の実例はたくさんある。もしこの事実があまりにも衝撃的なことであるからといって、この作曲の章でそのような欠陥について詳述することはばかげてはいないだろうか？　作曲家の中には最も繊細な感受性を持つ人もいるかもしれないが、彼らもやはり人間、男性として優越しようとする努力が時に傲慢や野蛮へと向かうことがあったかもしれない。憎悪の感情を五線紙に委ねることと、日々の復讐の欲望をたんに発散することはもちろん違う。男性として成功しようとする衝動とは、他者の上に立ったり打ち負かしたりすることであり、それは日々の営みである。しかし、作曲というものにもそのような態度が内在できるのであろうか？

男らしさが進歩というものに依存するのであるなら、ここで私たちは近代の音楽創造の進歩について考えてみたい。

何百年もの間、作曲家は三声もしくは四声による和音で満足していた。後に声部が六つか七つになったが、それで終わりではなかった。リズムは以前だと明瞭に体感できた。決められた時間の中において二対三、あるいは三対四のリズムは楽に理解できる。しかし、それからわかるのは、真の職人気質はもっと野心的であり、たとえ聴き手が聞き取れなくても、五つの音に、六個目、七個目、九個目、十一個目の音が容易に重ねられたのである。主声部と副声部による、この大胆な「男性的な」音程進行については、既に述べた。音色に関しては、電子楽器がその限界を破ったように思える。

もしこの発展が現在の欲求に対応しているなら、ここには内的な必然性と精神状態が示されているのだろうか。または、これら全ては最高の要望と常なる刷新によってその同胞を驚きと恐れに突き落とそうとする、征服する男性的性質が肥大化したものなのであろうか。かつてブラームスがしたように、「聴き手」を配慮しつつ独自の創造過程へ取り入れることは、おそらく進歩を抑制するだろう。天才というものはようやく未来の世代によって理解されてから、正当に評価される。いずれにしても、現代の作曲家は、以前から作曲家がその同時代人からしばしば認められないという場合には事欠かないため、不安を覚えることだろう。いったい人は何度この遊戯を繰り返すべきなのだろうか？　確かに例外もあるが、おそらくこの手の多くの議論は、その人に天分が欠落していることの言い訳になっているにすぎない。

現在、女性が作曲家として脚光を浴びたいとしたら、他の職業でしばしば生じているように、男性と同じくらい、もしくは男性よりもさらに男性的でなければならないのだろうか。

作曲作品というものは、助けを求める「女性の」心からの叫びでありえるのだろうか？　頼りになる人、しっかりした支えがもはや見出されないとしたら。おそらく愛情の深い女性というものは、認められるための絶望的な戦いを続け、ともかくも演奏され、報道によって注目されるような作品を生み出さねばならないのだろう。もし彼女が自ら勝ち抜き、知られるようになれば、ようやくそこで繊細な女性らしさを備えた作品を書けばよい。この例は決してこじつけではない。そのような議論に関心を持つ、作曲家、ソリスト、指揮者の男性たちをも私は知っている。

聴き手への配慮がなされなければ、彼らはこの世界が終わるまで苦しめられるだろう。延々と繰り返されることによって理解力は破壊され、聴力は法外な音量増強により取り返しがつかないほど傷つけられるだろう。

奇抜な作曲技術や、曲芸のような手段によるセンセーションを強要する宣伝方法だけが問題なのではない。お金――しばしば法外な大金となる――も問題なのだ。そんな時は楽才のある人までもが傷ついてしまいかねない。

私は人の心を打つような内面性に関して、現代の作曲家たちがいつも乏しいとか無能であると考えているのではない。指揮者あるいは楽員として、私は現代作品の演奏に数えきれないほど参加してきた。それらの作品の中には、人を喜ばせたり、深く感動させる表白があったが、自分がぞんざいに扱われていると感じたことも無かった訳ではない。作品全体の特徴が見出されるべきである。さらに微妙な区別を見つけ出すためには、私たちが多くの現代作品を聴いていなければならない。

さて作曲家たち自身はこれについて何と言うだろうか？　作曲家協会では多くの会員がこの問題を論ずるために集まった。

詳細な会則は推敲され、何度も変更される。しかし、音楽という言葉はその中にはもはや見出されない。幹部会でよく体験されるのは、目立ちたがり屋のお役人が、やはり余計なことに興味を持ち追いかけるということである。例外はあるかもしれない。しかし、音楽家にとっては、音楽について語るよりも、音楽によって語るほうがそもそもずっと簡単なのだ。人は彼らが真実と虚偽のどちらを話しているのかを見極めるべきだろう。

内的な耳

音楽の本質や価値について知りたいとなったら、人は誰に尋ねればよいのだろう？　しばしば演奏家と聴衆が問われるのは、演奏したり聴いたりするにあたって、どんな音楽を好みどんな音楽を好まないのか、ということである。しかし、芸術についての判断は周知のようにまさに千差万別である。作品成立の意図、そしてそれが聴き手に語りかけるべきものを聴き取るためには、内的な耳というものが求められる。

私は作曲の価値を決めなければならない審査委員会のメンバーをしばしば務めた。そこには作曲の専門家ばかりが座っていたが、彼らの意見はいつも大いに異なったものとなった。これが普通なのだ。総譜が非常に見通しの良いものであった場合にさえ、批評家たちは様々な意見を主張し、基本的に誤っていることもあった。

しかし、ここで「誤っている」とはどういうことなのか？　職人的な完成度を判断する際は、意見は簡単に一致する。しかし、決まった方法で音楽の本質が感じ取られるというなら、そもそもそれは誤り得るだろうか？　もちろん、決まった方法などはない。私は他者が自分の独自な感じ方を共有することを期待してもいけないのだ。そうならば、音楽というものはどのように正しく判断されるのだろうか？　もし多くの聴き手がある音楽を愛するなら、その音楽はとにかくも何らかの美質を有するのかもしれない。たとえ、それが私の嗜好にはそぐわないにしてもだ。（「ある作品が持ち上げられれば持ち上げられるほど、それはすぐに落ちぶれる。」）〔訳注　ドイツの作家、批評家、脚本家オスカー・ブルーメンタール（Oscar Blumenthal, 1852-1917）の言葉と思われる。〕

誰がまず技巧的で重厚な現代作品を正しく判断できるだろうか？　この音楽によって同時代人が暴力を受けたか愛されたかを、誰が楽譜を手掛かりに確認できるだろうか？　人は意図的に計算して音楽を用いることにより、権力を持つことはできるだろう。しかし、作曲家は作曲している時、そんなことは全く考えないのだ。最も男性的な作曲家たちも、女性的な世界に乗り込み、女性的なものはこのように鳴り響かねばならない、と私たちに言う。例えば、何と魅惑的にリヒャルト・ヴァーグナーは女性だけでなく、女性的なものをも舞台にもたらしたことだろうか。どんなに多くの偉大なそして繊細な陰影でもって、彼は愛というものを描いたことだろう。しかしその際、よく知られているのは、ヴァーグナーが彼の最も身近な人間、そしてさらにその周囲の人間を、たくさん自身のために働かせ、利用していたということである。彼自身は人に尽くしたり親切にすると、それに対する要求あるいは権利を持つのが当然であると思っていた。なぜなら、彼は頭角を現すことにより、その天才をもって他者に彼の芸術を贈ったからである。これは他者には普段なら難しい、卓越した男性的態度ではないだろうか？

その作品において愛と女性的なものを賛美しているのに、相当なエゴイストで嫌な奴である、たくさんの作曲者をいちいち数え上げていてもきりがない。彼らの妻たちはそれについては身にしみてわかっていた。どんな作曲家も、自分が全く特別なもの、一度きりのことを表現していると思っていなかったとしたら、全く作曲をしないだろう。こんなにすばらしいのにもかかわらずごく稀にしか演奏されない音楽の作曲を。作曲家というものは自分自身のために書くことはめったになく、自分の作品が全ての国々で演奏されるようになることを自然に願っているのである。そして、そのための機会や力を持つ者は……。

今のところ、西側の勝利に終わった冷戦が、「西洋」音楽を――多くの「貴重な」他の事柄もそうであるように――劣っている東側にもたらそうとしているかのように思われる。「(高慢な) 旧西ドイツ人」は芸術の領域においても勝者になれると思っている。しかし、女性たちが自らの権利を求めるのと同じように、東側出身の今日の敗者は、彼らの要望を告げ知らせるだろうし、他者による独占と支配を拒もうとするだろう。これはほとんど革命のように思える。すなわちそれは自らの感覚と感動を失わずに発展させようとする労苦に他ならない。なぜなら、芸術産業の大がかりな購買戦略が成功し、世界中のどの家でも同じ (「芸術産業の」) 音楽が鳴り響くなら、私たち皆は内面的暴力を受け殺されるようなものだからだ。

独自のものを守り育てることに関して言えば、世界のどこでも女性たちはそれに最もふさわしい。当然ながら女性たちは相変わらず多くの降格や変更によって抑圧され騙されている。どんな教派の教会ですら、女性的なものの抑圧に加担している。なぜなら、教会はその信頼性が「女性的な」理解を強めることによって、ますます嘘だとばれてしまうだろうということを、正確に知っているからである。

だから女性は、いや女性だけではなく男性にも求められているのは、彼ら独自の内的な精神性を明らかにし、それが誰によっても覆い隠されるべきではないということを、男性的性質に対して極めてはっきりと示すことなのである。

女性の作曲家たちに関して言えば、「永遠の女らしさ」が偉大なオペラ作品の中で賛美され、台座の上で祭り上げられ、自身から離れて装飾されるまでには至っていない。人はそれを吸収消化し、自分自身で常に刷新していかねばならない。皆がその独自のやり方でそれを生命と響きにできるように。

東京で自作のティンパニー協奏曲を演奏するテーリヒェン

第2章　フルトヴェングラーに見る、演奏の魅力と誠実

戦後のドイツでフルトヴェングラーの作曲、指揮、思想に関して行われた最大の研究会であった「ヴィルヘルム・フルトヴェングラー・ターゲ」は、一九九七年イエナ大学の音楽総監督でピアニスト・指揮者のセバスチャン・クラーネルトの強いリーダーシップと情熱で実現し、シンポジウムや演奏会や懇親会などが盛大に行われた。フルトヴェングラーを作曲家としての面から評価し、三つの交響曲や「ピアノと管弦楽のための交響的協奏曲」、ヴァイオリン・ソナタや歌曲など、ほぼ全ての主要作品が演奏されたのは、この催しの最大の特色である。

この「フルトヴェングラー・ターゲ」は二〇〇六年を最後に計六回行われたが、イエナの町にはフルトヴェングラーの未亡人であるエリーザベト夫人や息子のアンドレアスら親戚たちをはじめ、テーリヒェン、ベルリン・フィルの元首席チェロ奏者エーヴァーハルト・フィンケ、指揮者ジョージ・アレクサンダー・アルブレヒト（フルトヴェングラーの演奏に実際に接し今では彼の交響作品全集の演奏と録音で知られる）らが参加、ベルリン・フィルの「コンサートマスターであったトーマス・ブランディス、ピアニストのダニエル・バレンボイム、アンドラーシュ・シフらも来演するという豪華さだった。

テーリヒェンは毎回会場に姿を見せ、「ターゲ」の中心的なメンバーだった。私も可能な限り参加し、日本でのフルトヴェングラー研究の現状を報告したが、最終回の二〇〇六年には

2006年の第六回イエナ・フルトヴェングラー・ターゲで発表する
野口剛夫とテーリヒェン（左）

テーリヒェンと二人並んで発表をさせてもらい、前年に行われた彼の音楽劇《あと四十日》の東京での世界初演について話した。

「フルトヴェングラーに見る、演奏の魅力と誠実」（Faszination und Glaubwürdigkeit einer Interpretation am Beispiel Furtwängler）は、「フルトヴェングラー・ターゲ」の初年一九九七年に、テーリヒェンがシンポジウムで行った講演である。これが収められた論文集『Furtwängler Studien I』（Ries&Erler, Berlin, 1998）は、わが国でも『フルトヴェングラー研究』として翻訳出版された（野口剛夫訳、アルファベータブックス、二〇一五年）。［編訳者］

フルトヴェングラーに見る、演奏の魅力と誠実

親愛なるフルトヴェングラー夫人、わが淑女と紳士の皆さん。あるいはこうも言えるかと思います。親愛なるフルトヴェングラーの家族の皆さん！

実際にご家族の何人かはここに列席しておられます。しかし、彼を知っている者である私たちは、一つの大きな家族のように自分たちを感じるでしょう。フルトヴェングラーは、これ以上強いものを体験できないほどの共同体を創造することができました。

フルトヴェングラー夫人、あなたは彼と結婚なさいましたが、私たちもそうなのです。もし、指揮者とオーケストラが結婚できるものと考えるなら、そうしようとした例はたくさんありましたが、実際に指揮者と結婚しているのは誰なのか、とちょっとした議論（あるいは冗談）が始まってしまうかもしれません。しかし事業家ですら、自分の家族よりもしばしば自分の事業と結婚してしまっているのです。だとしたら、感情と芸術の領域では、どんなにたくさんの結婚が生じるでしょうか！

フルトヴェングラーについて本を書くことを求められ、時間を遡って思い出してみたことがありました。当時はたくさんのことを思い出したのです。それから私は、それらのことを熟考し文章にし始めましたが、その際に大変多くのことを学びました。前に書いたことをここで披露するべきかどうか、私には迷いがあります。かなり多くのことを書きとめ、それを推敲してきましたが、結局そのままにしました。やはりここでも私は全く何も言うことはできないでしょう。「こうやああだった」と言ってみたところで意味がない。私たちは自分が体験したことを話すことはできるでしょう。しかし、どんなものも違って伝わってしまう。私の印象についてなら喜んで話しますし、フルトヴェングラーが私たちに生じさせたものを、いくらかでも追体験してもらうことを望んでいます。ところが、彼は何もしなかった。いくらかでもしたりすることはなかったのです。彼は私たちに強いたりもしませんでした。権威によって強制したりはせず、ただ夢中になっていました。いかに人が音楽を愛することができるのか、彼は私たちに自ら範を示していたのです。そして、これは百二十名の楽員の中でそこから逃れられる者は一人もいないほど強烈なものだったのです。

お話の始めに、私の二冊目の著作から少し引用をしたいのです。この本のタイトルは

『繰り返されるバビロン、あるいは魂の言葉としての音楽』〔邦訳書名『あるベルリン・フィル楽員の警告――心の言葉としての音楽』 平井吉夫、高辻知義訳 音楽之友社〕といいます。

いかにフルトヴェングラーが高みにいたかを考えれば、彼は立派なキャリアと名望を持った人に属すると言えるかもしれません。しかし、私は思うのですが、彼にあってもっと重要なのは、人が感情の地平で動かされる時、その言葉と環境がどうあるべきかを示すことでした。そもそもこれが決定的に重要なことだったのです。

他のなにものにもまして私に多くを語りかける声がある。それは自己の、内なる声だ。ところが今日では外からの作用や影響があまりにも多大かつ優勢なので、多くの人々の自己の声は響きも意義も失ってしまった。だが自己の音に耳を傾けなくなれば、他者の内なる音を聴く力も失う。そうなると音の質や特性をもはや判断できず、そのためやすやすと安っぽい宣伝や誘惑の犠牲になってしまう。

(『あるベルリン・フィル楽員の警告――心の言葉としての音楽』)

もしフルトヴェングラーが話すのを今聞けば、つまり録音テープから「均等に」とか「テンポに正確に」という彼の言葉が聞こえてくると、少しにんまりしてしまうに違いありません。彼はまさにこの方向でいくつかのことを言っています。しかし、彼がその後にしたことは、幸いにも全く本質的に違っていて、どんな説明よりもはるかに美しかったのです。

フルトヴェングラーが自らを開示したことによって、彼から発散されたものは感動的でした。彼は自らを開示しなければならなかったのであり、それ以外のことはできませんでした。彼はオーケストラに「これはこうしなければならない」と言うことはできず、前もって全てを自ら「体現」していなければならなかったのです。それから彼は身体の言語で、この音楽が彼の中で引き起こしたものを理解させたのでした。これは私たちにとって、それ以上のものがないほど誠実で説得力のあるものだったのです。

今日のお話のテーマは「魅力と誠実」です。魅力と誠実は誰かに占有されるべきものでなく、誰にでも体験され評価されうるものです。当時フルトヴェングラーについて、ベルリン・フィルにおいては大多数の楽員が同じように感じることができました。感じるというのは主観的なことです。もし今この感覚が適切なものとなり、もっぱらそれについて話すとしたら、私は皆さんに寛大であることをお願いしたい。私が皆さんに当時あったことについての知見だけをお話しするのではなく、私自身が魅了されたことによって、フルトヴェングラーが私たちにさせたことを少しでも感じていただけるなら、そのほうがずっとよいと思えるのです。

フルトヴェングラー自身が確かにいつもどこか不安定でした。しかし、彼を駆り立てていたその疑念は、物事の根底を究め、さらに深い叡智がある場所に至るためには重要なものだったのです。

私が彼といかにして知り合ったか、いくらか述べたいと思います。『フルトヴェングラーかカラヤンか』という本の中で私はこう書いたのです。


第二次大戦が終り、捕虜収容所から釈放された私は、大学で二学期神学を勉強したあとハンブルクの国立フィルハルモニーを経由してベルリンの国立歌劇場管弦楽団に就職した。国立歌劇場は当時フリードリヒ・シュトラーセ駅のそばのアドミラルパラスト・ホールで公演を行っていた。私は数々の素晴らしい上演を思い浮かべることができるが、一九四七年暮れの《トリスタンとイゾルデ》の稽古は比べるものがなかった。指揮台にはヴィルヘルム・フルトヴェングラーがいた。彼との最初の出会いがこれだった。

国立歌劇場の年長の同僚は、フルトヴェングラーがフィルハーモニーの演奏会を引き受ける前からすでに指揮していた国立歌劇場管弦楽団のシンフォニー演奏会と歌劇上演を通じて彼を知っていた。戦中戦後の混乱による永い不在のあと初めて稽古に現れるフルトヴェングラーを、同僚たちはおごそかな気分で待ち受けた。

そのとき彼が振り下ろしたタクトの最初の一振りを私は忘れることがないだろう。前奏曲は斉奏チェロのアウフタクトで始まる。フルトヴェングラーはその右手をきわめてゆっくりと沈めていった。私はかたずを呑んだ。こんな指図ではどうやって弾き始めたらいいのか。私は待ち受けた――そして、無のまっただなかから忽然として、限りなく充実して温かい、よく透るチェロの音が展開した瞬間がいつだったのか分からなかった。そしてそのあと、音楽がしだいに組み上げられ、たかまっていく。前奏曲の頂点で私はティンパニーで二小節をクレッシェンドしながらトレモロで叩かねばならなかった。その二小節があんなにも永くなり得るとは予想もしていなかった。解放の下降が始まる瞬間がどれほど待ち遠しかったことだろう。絶頂を際立たせる和音の響きは私たちに襲いかかったが、その衝撃は単に音の強さだけでは説明できないものだった。フルトヴェングラーは弓なりに身を反らし、自分が呼び起こした大浪のような響きを精一杯受けとめようとするかのようだった。

フルトヴェングラーが指揮するとき、開始の和音をどう揃えるかの問題はどの奏者もよく知っている。しかし、演奏が始まったあとも、フルトヴェングラーがテンポを落として「彼独特の」響きを待ち受けるときも、足並を揃える困難さは決して減じていなかった。クレッシェンドの二小節の最後で、目安となるオーケストラの他の楽器がまったく聞こえなくなるほど、ティンパニーの音は大きくなる。フルトヴェングラーはついに次の小節の頭を振り下ろした。だがそれは一打で振り下ろすのではなく、準備を促すさまざまの動きを伴っていたので、私も、他の楽員も、全員を合体させる和音の瞬間を自身で感じ取らねばならなくなった。他の楽員ならきまった長さの音を弾けばいいのに、ティンパニー奏者には一打ちのために一秒の数分の一しか与えられていないのだ。集中力は類例のないほどに要求された。

そしてそのような絶頂のあとに下降が始まる。

だが、それは単なる解体とも、音量の減少ともまったく違っていた。むしろその反対であって、それは偉大な体験をじっと手放さずにおこうという、まさに印象的な行為にほかならなかった。彼は何か貴重なものを私たちの眼の前に示そうとするかのように左の掌を開き、総譜にディミヌエンドが記され、楽器編成がしだいに薄くなっていってもそれをやめなかった。彼はその響きをどうしても手放そうとせず、音量は減らしながらも音楽の密度はむしろたかめていった。すでに鳴り響いた音楽のあとに生じた総休止《ゲネラルパウゼ》の中に、何とおびただしい音楽が知覚されたことか。私はもう息がつけなくなり、肌は汗ばんできたが、それまでいろいろと大オーケストラでの経験がありながら、そんなことは初めて体験するところだった。同僚たちと話して確かめたことだが、彼らも同じような感情から逃れられないようだった。演奏の途中にはそのような密度からはずれる小節は一つとしてないのだった。数時間のヴァーグナーのあと、私はこの上なく幸せな疲労感に浸っていた。何しろ、壮大な事業に参加していたのだから。

強烈な感情のおもむくまま音楽に没頭するフルトヴェングラーは、よくロマンティストに分類される。それがあたっているかどうかは別として、彼のなりふりかまわぬ熱中こそ、あらゆる作品の解釈にあの徹底性を造り出しているのだと私には思える。

フルトヴェングラーが指揮したあとの《トリスタン》公演はゲオルク・ショルティが引き継ぐことになっていた。彼はこの曲の総譜について彼自身が抱いていた考えを実現しようとし、単に「指揮のまね」だけに留めたくなかったので、それに見合うだけの練習を要求していた。前奏曲の冒頭のチェロのアウフタクトのために彼はさらにアウフタクトを振って、楽員すべてが指揮者の促しを受け、その明快な棒さばきに従えば大舟に乗った気持になるように全力を傾注した。

いずれにせよ、ショルティの出すサインはフルトヴェングラーよりはるかに明瞭だったから、誰もが満足できるはずだった。実際、皆は満足したかも知れなかったが、それはショルティの前にフルトヴェングラーが振っていなかったとしての話である。ショルティは他人の刻印の残っているような上演で満足するには余りに個性がはっきりしていた。彼はそれまでに別の解釈を創り出し、この作品に対しても別の関り方を確立していた。しかし楽員たちに、フルトヴェングラー流のヴァーグナー体験から離れる気はさらさらなかった。彼らは体を硬くして、ショルティのサインには嫌々従った。彼は腹を立てて去っていった。……

こういった情況はのちにもベルリン・フィルで出くわしている。著名で卓越した指揮者が上演作品に彼自身の解釈の刻印を捺そうと練習の追加を求めることがあった。だが、いざ公演になってみると、彼らはこのオーケストラはフルトヴェングラーの刻印が強すぎて、他の人間の見解に対しては全然実力を発揮できないことを認めて、諦めざるを得なかった。

（『フルトヴェングラーかカラヤンか』高辻知義訳　音楽之友社）

賢いということは、この場合ほとんど邪魔になります。なぜなら、演奏において最も大事なことを成し遂げられるこの地平では、もっと多くのことが必要だからです。感情の知性、忘我の献身が必要なのです。そして、これをフルトヴェングラーは全く高い度合いで持っていたのです。

人間というものが身体、精神、心情で成り立っていると考えてみると、たいていの人はこう思います。身体は鍛えることができる。精神もだ。しかし、心情はどうやって？　お気をつけを！　そこにあるのは注意深く扱わねばならないものなのです。そもそも人間において最も大事なもの、人間を作り上げている心情が全く損をしているということには、ほとんどの人が気づいていません。この認識をいかにして説明したらよいでしょうか？繊細な感覚というのは、大学での精神科学のように学べるものなのでしょうか。私は多くのことを学ぶことができます。しかし、フルトヴェングラーのかつての境地に至るためには、感受性や感情表現の可能性をどうやって高めたらよいのでしょう？　そもそも、それは可能なのでしょうか？

私たちはそれを試みてきました。子供じみた苦労です。誰もフルトヴェングラーのようにはなれないでしょう。しかし、本質的なものを私たちはそこで作り出すことはできました。どんな人も数歩を敢えて踏み出すことができ、「自分は今や彼にいくらか近づいた」と言いました。私たちは自分の内奥を体験するために、自分自身を開かねばなりません。

既にフルトヴェングラーが演奏していた当時、現代的な人々はいました。彼らは言ったのです。「やれやれ、フルトヴェングラーというのはそこに立って何をやっているのか！

こんなことは許されることじゃない！」　フルトヴェングラーは自分の気分を、この音楽に感じたことを示したのです。作品に即して正しくあるために、私たちは態度を保留し、感情を見せないようにするべきなのでしょうか？　「この作曲家は今ではただこのように演奏されねばならない」とか、「彼はある世紀ではこのように演奏されるべきだ」などという手引きがありますが。

私たちはとても賢くなることができます。しかし、賢さはその際それ以上は私たちを助けてはくれません。私がフルトヴェングラーによって教えられたのは、私たちの内なる声こそがそもそも最も重要なものであり、それが人を感動させ一つにするということです。

ベルリン・フィルのリハーサルでは、［セルジュ・］チェリビダッケが私のティンパニーの隣りにしばしば座っていました。私たちは前に総譜を置き、解釈について話し合ったものです。実に刺激的な体験でした。指揮者というのは、彼らが若い駆け出しの頃でも、たいていは自分を最も偉大であると感じているものです。彼は他人のリハーサルを聴きに行くのに躊躇しなかった。その時、チェリビダッケはベルリン・フィルと演奏会や演奏旅行をしていて、既にとても知られていたのです。しかし、彼はさらに自分が学ぶべきことを知ろうとしたのです。

ある日のこと、私はティンパニーに向かって腰かけ、ある客演指揮者の稽古が続いている間、前にひろげた総譜を追い、楽器編成の細部に没頭していた。ふつう、練習は公演に必要なことすべてについて意思の疎通をはかるために行われる。合奏の揃い具合が吟味され、テンポと強弱が決められ、ときとしてピッチが修正されたり、曲の根底にあるはずの作曲者の意図を指揮者が講釈してくれたりするが、曲の響きや造形の究極的な仕上げは実際の演奏の際に取っておかれるので、私はごくくつろいだ気持で総譜に没頭し、演奏を追いかけていればよかった。

突如として音色が一変した。もう全力を投入する本番ででもあるかのような温かさと充実が現われた。狐につままれたように私は総譜から眼を上げ、指揮棒の斬新な魔術が奇跡でも起こしたのかと確かめようとしたが、指揮者の身の回りには何一つ変ったことはなかった。次に同僚たちに眼を移すと、彼らは皆ホールの端の扉の方を見ていた。そこにフルトヴェングラーが立っていたのだった。

彼がただそこに立つことだけで、それほどの響きをオーケストラから引き出すことができるのだ。

（『フルトヴェングラーかカラヤンか』）

一人の人間がただ現われただけで他人が変わるというのは、どうしたら可能なのでしょう？　そもそもそれを意図したとしても達成されないことをです。そこでは全く他のことが影響を与えたにちがいない。

　この魅力の秘密を探るため、ベルリンの放送局がリハーサルを録音しようとしたことがありました。音楽編集者たちが信じていたのは、全てのことはリハーサル中に仕組まれ定着させられているからこそこの魅力が生れる、ということでした。彼らはリハーサルにやって来て言いました。「博士、どうぞ何度でも止めて、どうしようとするのか、たくさん話して下さい」。フルトヴェングラーは既に不思議そうな顔をしましたが、やってみようと言いました。私たちはどんどん演奏し、ずいぶん時間が経った時、スピーカーから大きな声がしました。「博士、あなたは演奏を止めて稽古をしたくないのですか？」「いいえ」と彼。「だって、美しいではありませんか？」　もし、それが気に入るくらい美しいなら、何か月並みなことを言うために演奏を止めるのは彼には不誠実に思われたのでしょう。すぐにしゃべりたて、中断し検証しようとする指揮者はたくさんいます。しかし、それはこの場合そもそも正しくなかったのです。ついに放送局の人たちは引き揚げてしまいました。全く期待外れだったというわけです。彼らは何らかの経験はしたのでしょう。でも、最も重要なことがわかっていませんでした。

　あるリハーサルのことを思い出します。彼は演奏を中断し全く何も言いませんでした。

私たちは待っていました。「もう一度……」と彼は言いました。再度聴きたいと思ったのです。それから彼はまた中断し、何も言いません。しかし、私たちは彼のことを全くはっきりとわかっていました。彼はそうしたがゆえにこの音楽の本質と精神に到達することができたのです。だから、彼はこういうことができないと感じた時は、プログラムをも変更したのです。フルトヴェングラーはそもそもこのようなことを説明することはできませんでした。この感覚が彼にとっては作曲家との精神的な絆のようなものであったからです。そして、ここでは彼は意見の一致を必要としたのです。だから、棒を使った彼の指揮も「拍を刻むこと」ではありませんでした。むしろ指揮棒は、作曲家が彼に言わんとしていることを感じ受け取ることのできるアンテナのようなものだったのです。これら全てのことは彼だけに向けられていました。そして彼はこの感受においては、オーケストラや多くの聴衆の存在がありながらも、単独であり孤独であったのです。

この魅力について、私は多くの同僚と話し合いました。心理学者はこの「自身への没入」や「実りへともたらすこと」を「女性的な方法」であり、精神的な受胎であるとしました。一方「男性的な方法」を、規定し要求する方法であるとし、さらに、競争の思考とこれから生じる一切のものを付け加えました。確かにこれらは、「女性的な方法」に対しては正反対のものです。

オーストリア［訳注　ミュルツツーシュラーク］で行われた指揮者講習会で、私たちはフルトヴェングラーの方法を追いかけようとしました。それはそう単純なことではありませんでした。しかし、私たちはみな、この「自分で自分を吟味するために自らの内に受け止めること」は、おそらく自らの感受性を高めるための一つの方法であると確信したのです。これは全てがさびしい練習でした。私たちはオーケストラを用いないのです。しかし、誰もが音楽を自らの内に持っています。各人が立って「自分の」感動を身振りで表現すると、他の人はその出来事を指を使って評価するのです。最初、人は半分、あるいは四分の一もできませんでした。それは何と痛ましいことでしょうか。しかし、どうすればよいかを私たちがはっきりと理解すれば、全てがうまくいくようになりましたし、そこから非常に多くの利益を得たのです。ほとんどの人が親指を上に向けてくれなかった時、私たちは人がどう評価され、またさらに何をするべきかを知ることができました。これは究極の最終的な出来事ではありません。人は迷うこともあるでしょうし、他人の審査をするならなおのことそうです。しかし、それは熟考と同感のためのきっかけとしては他の方法では獲得できないので、いつ（上官としての）指揮者というものは、自分が意見を言われた時それに素直に誠実になれるのでしょうか？　人が自分は他の者よりもずっと賢いと思うことで、私たちの世界は「冷却し堕落している」のかもしれません。

フルトヴェングラーを師として倣うことは、謙虚を練習することとです。イエナで多年ヴィルヘルム・フルトヴェングラー・ターゲが開かれ、他の職業の人々や政治家ですらもっと謙虚さを求める方法に向かうなら、それはエキサイティングなすばらしいことでしょう。この方法は目的を持っています。こうすることで、私たちはフルトヴェングラーを彼の内面と外面に表れた感動と共に知ることが出来るのです。

私の人生で最大の体験は、やはりフルトヴェングラーが亡くなった時のことです。オーケストラにとって、彼の死去のニュースは全く思ってもみないことでした。何人かの同僚と立ち話をしている時、その中の一人が言ったことを今でも当時と同じように思い出すことができます。「彼がもう生きていないのなら職業を変えたいよ」。よく考えなければなりません。ブラームス、ベートーヴェン、そして全ての交響曲はまだありました。何百人もの指揮者もです。しかし、フルトヴェングラーの演奏を標準にすると、それら全てはないも同然になってしまいました。実際この魅力は理性的に説明できるものではありません。

「この職業のためにここやそこで勉強しなければならない。どこにでも旅行して、全てのコースにいなければならない」というのは無理なことです。その職業の大事なことを経験していてそれを伝えることができる人間と出会う時に、人は幸せになるのではないでしょうか。

感情に向き合うことは難しいことです。私が音楽学校で学んだのは、まず一度技術を習って全てできるようになったら、そこに感情も入れてよろしいというものでした。これはほとんど正しくない方法です。なぜなら作曲は感情の地平において成立させられるからです。作曲家というものは、それをするように感じていたのです。

ですから、音符の背後にあるであろうものに、最初から心を配ることも重要なのです。感情は決して温かみや充実ばかりではなく、空虚や冷たさというものも表現できます。これはおそらく温かみよりもはるかに強い感情でしょう。この感情生活をさらに豊かに作り上げ強めることは、私たちがもっとじっくりと熟考するべき事柄なのです。世界は病んでいます。私たちは金や名声に群がり、指揮者や企業の指導者としてキャリアを成そうとしています。しかしもっと重要なのは、自分自身や自らの努力をも永遠性との関係において考えて謙虚になり、自己の内面を見つめて生きることなのです。

フルトヴェングラーは私たちに未来への道を示してくれました。私たちは皆、学びすぎ、急ぎすぎたために、とても多くの残酷なことがこの世に起こっていることをひたすら体験せざるをえなくなっているのではないでしょうか。フルトヴェングラー自身はこれまで最も残酷なことが起こっていた時代に生きました。彼はしばしばナチスの時代と関連させられますが、全くナチスとは別の存在でした。彼は権威主義的に、もしくは独裁者的になるという考えに至ったことはなかったでしょう。

これら全てのことが過去のものになってはなりません。この町には多くの学生がいますし、この会場には少ないですが若い人々がいます。そこで人は何ができるでしょうか？私自身は、フルトヴェングラーの本質を理解し彼について一冊の本を書こうとしたことによって、多くの新しいことを識ることになりました。今、私はフルトヴェングラーについての音楽劇［訳注　最後の作品となった《あと四十日》］を作ろうとしています。私たちはテーマとしてヨナを呼び出しました。しかし、かつてしばしば神学者が説明したような方法によってではありません。ヨナは「従順へと教育されねばならなかった」のです。それゆえ、彼は大洋に投げ込まれ、鯨の腹の中に入り、ついに従順になります。しばしば神自らがその被造物を指導することがあると思います。神はヨナがとても誠実であったから彼を用いたのです。

もし私が、フルトヴェングラーによって伝えられたような極めて誠実な態度を経験しなかったとしたら、ヨナについての作品を書こうとする勇気は湧き起こらなかったでしょう。フルトヴェングラーは四十四年前にこの世を去りました。ベルリン・フィルには、彼の指揮のもとで演奏した楽員はもういません。引退した何人かの老人だけが、彼をまだ回想できるにすぎない。これらの回想が今後も生命を保つとしても、それは過去の時代に関することなのです。

老人が過去のことを夢見ていたら、少しこっけいに思われないでしょうか。フルトヴェングラーも彼の生きた時代と和合してはいなかったのです。しかし、彼の芸術への献身の思いと態度は時間を超えたものであり、これは古代ギリシャの知恵があらゆる時代に妥当しているのと同じです。

反対に、もし偉大な魂の開示に感情移入し自らを与えるということを考えなかったら、私たちの未来は危険です。マルガレーテ・ミッチャーリヒ〔訳注　ドイツの精神分析学者（一九一七〜二〇一二）〕は、それなくしては未来がなくなってしまうものを「女性的な性質」と名付けています。フルトヴェングラーは体験でも形成でもまたその外見においても、男性的であると同時に最も女性的でした。これらの性質は、双方向からつながっていて、お互いを貫いて豊かにします。そのような感覚と存在を書き表すのが易しくないということはわかっています。私たちはそれらを全く単純に愛と名付けることができるかもしれません。芸術への愛――創造の愛――人間への愛。

第3章　魂の言葉

ヴィルヘルム・フルトヴェングラー没後五十周年によせて

二〇〇四年は、フルトヴェングラーの没後五十年という大きな記念の年だった。私の主宰する東京フルトヴェングラー研究会でも、彼の亡くなった命日に合わせて、十一月に東京で三日連続の記念演奏会を企画、フルトヴェングラー作曲のヴァイオリン・ソナタ第一番、ピアノ五重奏曲、「テ・デウム」という重要作品の日本初演をしたので、今なお鮮明な記憶が残っている。研究会には『心から心へ』という年次文集があり、フルトヴェングラーの語り部として、指揮や作曲、著述に活躍しているテーリヒェンに本文集への寄稿をお願いしたところ、二〇〇四年十一月三十日ベルリンのシェーネベルグで行われたフルトヴェングラー記念祭のための講演原稿を送ってもらったので訳出し、二〇〇五年度の文集に掲載した。〔編訳者〕

魂の言葉　ヴィルヘルム・フルトヴェングラー没後五十周年によせて

誰が自分の魂に語らせることができるでしょうか。誰が自分の感覚、自分の魂を自ら進んで知らせたいと思うでしょうか。世界は人が内面を無防備にさらけ出すことを許してはくれません。それに私たちは、自分の心を他人に覗かれることには、最大の用心をしてしまうのかもしれません。

しかし、魂の表出が豊かで、理屈などにはよらずに共同体をさらなる高みへ導くことのできる人がわずかながらいます。ヴィルヘルム・フルトヴェングラーはそうした人の一人でした。そして私はベルリン・フィルハーモニーの団員として、この感動的な交わりへと加わり、彼の感受性によって、これまでなかったような内的体験の新しい段階を見出すことができたのです。彼は自分の魂に語らせ、オーケストラに同じ水準の反応を期待しました。これを体験し、ここに報告することができるのは、何という感謝と幸福でしょうか。このようなことを経験できなかった人は、私の叙述をおとぎ話であると考えるかもしれない。しかし、他の客演指揮者の練習をフルトヴェングラーが見に来た時、彼が現れただけでオーケストラの響きは変わったのです。また、彼の死の知らせを受けたオーケストラの同僚は、もうこのような音楽への謙虚と献身は失われてしまうだろうから、自分は音楽家を辞めるつもりだと言ったのです。

そこで私たち（ベルリン・フィルとヴィーン・フィルの楽員、指揮者、心理学者）は、ミュルツツーシュラークで「フルトヴェングラー指揮者講習会」を開催し、そのような魂の言葉を理解し練習しようとしました。何と気の毒なほどの僭越さでしょうか！

肉体、心、そして魂はとても密接に結び合わされており、フルトヴェングラーが体現したような純粋で説得力ある魂の言葉は、本来は説明できるものではありません。学生というのは、指南や証明を欲しがり、フルトヴェングラー自身でさえ答えることのできないような質問を発するものです。

フルトヴェングラーはオーケストラとのリハーサル中に、演奏を中断して黙ってしまうことがしばしばありました。そのような時、彼は音楽の中へ、そして自分自身へと耳を澄ましていましたが、表明されるべき内面の声をまだはっきりと掴んでいなかったのでしょう。それから彼は同じ箇所を繰り返し、また中断し、全く途方にくれて私たちの前に立ち尽くしているのでした。そこで誰がフルトヴェングラーを助けられたというのでしょう。

彼もそんなことを期待しませんでした。しかし、彼は自らに要求を課したのであり、それは完全に解決したわけではないが、全く一人で畏敬の念をもってわずかでもそこに近づこうとしたのでした。

私たちフィルハーモニーの楽員にとってそれは神聖な瞬間でした。既にでき上がった考えを抱き、しなければならないことを決めてからオーケストラの前に立つ他の指揮者とは全然かけ離れた態度でした。音符の間や背後にどんなメッセージがあるのかを見極めようというフルトヴェングラーの探求は終わることはありませんでした。このようなやり方で私たちは、フィルハーモニーの演奏会やミュルツツーシュラークでの指揮者の訓練に際して、彼に倣おうとしたのです。そして、いつでも高い成果をあげなければならないし、またあげられるのだということについて、これ以上ないほどの確信を得たのです。

その際、講習会の同伴者や聴衆には敬虔や謙虚が伝わりました。フルトヴェングラー自身が強烈な体験の瞬間を受け止め、味わうことができたように、彼らは衝撃を受け感動したのです。

世界的に知られた芸術家でありながら、彼は「子供のように」生まれついていました。これは何の意図もなく、彼の最も深い本質に結びつき、それゆえに誠実なものでした。

フルトヴェングラーは自分を感受の最終段階にすることはなく、予感する人として、もっと大きな線を空中に描いたのでした。だからこそ、彼はいつも持ち歩いている小さな日記帳にこう書きとめたのです。「全身で予感すること！」と。

このことは音楽においてある主題から次の主題へと移行する場合に言えることです。彼はそれまで響いていた音楽の中で、既にその後の音楽も受け止めていました。何という体験の広がりを彼は開いて見せたことか！ 音楽が弛緩し、微かになっても、既に彼は次の新しい局面への緊張を感じていたのです。全ての演奏者や聴衆が片時も逃れられないような内的な統一が、個々の楽章や、全体の楽曲にわたって獲得されていました。それは決して「こしらえられた」のではなく、フルトヴェングラーの絶えざる献身から生まれたものでした。

前もって考えるということと、予感するということには本質的な違いがあると彼は書いています。予感は「全身で」行うものなのです。フルトヴェングラーの肉体で、感情の出来事と無縁な箇所はありませんでした。そして、彼の中にはいつも二つの心がありました。その際、各々の腕は全く別に同じメダルの表と裏を体現しているように見えました。

面白いことに彼は覚え書きに「歌手を指揮すること！」と書いています。フルトヴェングラーは歌手を強制したり、窮屈な思いをさせることはありませんでした。なぜなら彼は「感受しながら」指揮をしたからなのです。こうすることで、歌手が特に際立つだけでなく、楽員もより熱心にお互いの音に耳を澄まし、それが演奏に反映するようになったのです。ピアニッシモにおいても歌の最も微かな音を聞き分けることができましたし、オーケストラがフォルティッシモで演奏しても歌手は自分の声を聞かせるために極端に頑張る必要はありませんでした。その際、指揮者によって無理な抑制が行われることはありませんでした。フルトヴェングラーを知らずに、彼の言葉を文字通り受けとろうとしても、ほとんど見当もつかなくなってしまうでしょう。彼が自分の総譜に「だんだんに速くしない！」と書いた時、そもそも彼は何が言いたかったのでしょうか。楽員に「ゆっくりして下さい」と彼は言う気にならなかったのでしょう。それは命令か押し付けに感じられただろうからです。感受したことをどのように伝えるべきなのでしょうか!?　力や命令で訴えるのは彼には嫌悪以外の何ものでもなかったのです。

ミュルツツーシュラークの講習会で、年ごと

にはっきりとわかってきたのは、フルトヴェングラーにおいては身体の表現、指揮の仕方が、考えることではなく感じることから、頭ではなく心から生まれていたということです。「棒を振る」という言葉すらもここではふさわしくないように思われます。彼の頭脳、思考がいかなる高みにあったかを考えてみるなら、彼の魂にいかなる力が宿っていたかは自ずと察しがつくでしょう。

このようなことがベートーヴェンの第五交響曲《運命》における彼の合図の出し方といかなる関係があるか、私は何度も尋ねられました。第一楽章を彼が始める時の震えるような動きは有名です。しかし彼自身は運命を奏でようとしたのではなく、オーケストラを統率しようとしたのでもありません。ナチスの時代、彼は自分を被害者として、おそらく運命と闘う者として感じていました。彼の棒は一度どころか、求められているかのように、七〜九回も空中で揺れました。絶望して心の拠り所を求める者のように。そして、いつオーケストラが音を出すのか、誰も前もって言うことはできませんでした。他の指揮者は拍を打つだけでなく、運命の打撃を演じようとすることに熱中していたというのに……。

そして勝利のフィナーレです！　何がここでは実際に祝われていたのでしょう。誰が、また何がここでは祝われていたのでしょう。敵やライバルへの勝利だったのでしょうか。

いかなる英雄にこの勝利は捧げられたのか。

フルトヴェングラーにおいては、この問いが別のものになります。勝利は圧倒的で喜びも相当なものです。しかし、闘って制圧しなければならないような外部の敵や、すばらしく傑出した英雄は全くいなくなったかのようです。ひょっとしてそこにいたのは「ただの」小さな一人の人間であったのかもしれない。つまり、彼は内面では新しい人生観を得ようと努力しなければならず、自分の弱さと欠点を知っており、自分の考え方を変えようとしたか、自分の病気と運命を受け入れなければならなかったのです。未来に向かって生き、最終的には喜びと感謝も感じることができるためにです。悩んで耐えた魂の勝利と言うべきでしょうか。

ベートーヴェンにおいてはこのようなことは想像しやすいのです。彼が《運命》交響曲を自らそのように命名していないにしてもです。しかし、《田園》においては事情が異なります。彼は各楽章に感情を呼び起こすような標題を与えていますが、ここで既に演奏者にとっては問題が生じます。第一楽章では田舎に到着した際に自然と愉快な感情が目覚めるのだろうか。あるいは過去のストレスや心配がまだ残っているのだろうか。第二楽章の小川の情景は、平和な安らぎのひと時なのか、あるいはひたすら進んでいく、決して戻る

ことのない永遠の流れなのか。第三楽章の村人たちの愉快な集いと、第四楽章の彼らを脅かす嵐の衝撃は、外面的なものと見なされるかどうか。また、これら全てのことが演奏者にとって、そしてオーケストラと聴衆にとって、一貫した流れで感じられるかどうか。フルトヴェングラーが指揮すると、振幅自在に動き回る腕の間での出来事が、説得力ある桁外れの驚きを伴って表現されたということが感じられたのでした。そして終楽章で、感謝が雷雨の過ぎ去ったことに向けられるだけでなく、人間の永続する生命感情になる時、この作品の簡素な締め括りがいかにすばらしく響くか、皆さんは想像できるでしょうか？　私はそれを経験することができたのです。そして、他の人にもそれを伝えるために言葉を探しているのです。

残念ながら、フルトヴェングラーが指揮した他の交響曲やオペラについてお話しする時間がありません。取り上げる作品を、彼はいつも新たにその構造、発展の仕方、性格について深く考え直していました。ならば私たちも、今後いかなる道を取るべきか、絶えず深く考え続けていかなければならないのではないでしょうか。彼から私は、不安から希望まで、失意から歓喜までを音楽として表現するということを学んだのです。

彼の死後、「英雄崇拝」が新しい頂点を目指していた時、私は《蛙と鼠の合戦》を作曲・演奏しました。無名の古代ギリシャの原作者は、過剰な英雄崇拝を皮肉ってこれを書いたのです。彼は小さな重要でない動物を力強い戦士に祭り上げることで、神々の関心を喚起したのでした。勇ましく元気いっぱいの男性的な性質が、これによって笑いものになるわけです。それにもかかわらず、英雄崇拝、スター信仰、金儲け主義はどんどん広がり、勢い付いているのですが。

数少ない例外にフルトヴェングラーは属していました。それはおとぎ話のように思われます。自らを与えられたものと感じ、自分自身を疑い、謙虚でありそれがゆえに誠実。こんなおとぎ話のようなことが実際にあったのです。ミュルツツーシュラークのフルトヴェングラー指揮者講習会で授業をする際にも、新約聖書のヨナの物語について作曲する際（音楽劇《あと四十日》）にも、このおとぎ話は私を助けてくれました。ヨナは世界の果てまで逃げようとします。なぜなら、人間に世が滅亡することを知らせたり、改心をうながしたりする大きな使命を、彼はまだ自覚していないからです。ヨナをただ従順にさせようとすることは、このすばらしい伝説を考慮すると、あまりに視野が狭いということになるでしょう。偉大な誠実さというものは、自己顕示や自己正当化からは生まれません。完全なものなど何もない状況において、おのれの能力と天分を正直に評価することができるかどうかなのです。そのように私はフルトヴェングラーの誠実さを体験しました。そして、それはヨナが異常なほどの力強い確信を持ちえたということを理解するための鍵であると思います。神の布告と滅亡の切迫は、ニネヴェの全ての人々の改心だけでなく、王から動物を含む最下等の生き物まで影響を与えたのです。神ご自身の息子ですら、それを完全には果たしえなかったわけですが。

この預言者の伝説はすばらしい作り話、おとぎ話です。神学者もそれについては同意するでしょう。私がそれとフルトヴェングラーの世界を関連付けても、全く的外れというわけではないでしょう。

魂を何度も新しく感動させ、弱い微かな希望とはいえ打開策を未来に感じさせるようなおとぎ話を、私たちは芸術の中にのみ必要としているのではありません。幸いなことに、この感動させる天分を持っていたのはフルトヴェングラーだけではありませんでした。他にもいましたし、今もいます。しかし、彼らのような人はめったにおらず、私たちはそもそも彼らの出現を待望しなければなりません。

いっそう確信するのは、ミュルツツーシュラークのフルトヴェングラー指揮者講習会では、時間はかかるにしても、授業において魂の大切さと力をさらに詳細に検討するのは可能であるということです。これは倫理的に考えたり、評価することによって得られるのではありません。家庭や幼稚園、学校で感情表現にもっと多くの注意を払うのはさらに良いことではないでしょうか。おそらく、暴力の行使や戦争を防ぐためには多くの話し合いが必要であることでしょう。しかし、魂の言葉がなければ、多くの言語を習ったところで益は少ないのです。

彼の感情をさらに勇気を持って抱くことを習うため、ベルリン・フィルハーモニーの楽員はサー・サイモン・ラットルや卓越した舞踊教育者と、映画「ベルリン・フィルと子どもたち」［訳注　二〇〇四年ドイツ映画。原題〈RHYTHM IS IT!〉］で、たった数週間で生徒たちからより感受性に富む人格を引き出しました。

優れた考えを持つすばらしい人間が今までもいましたし、これからもいるでしょうが、彼らには多くの他の人、また特に団体のトップの人と交わって欲しいのです。

これがニネヴェ、そして私の音楽劇《あと四十日》のテーマです（改心と滅亡）。この作品を書くにあたって、私はヴィルヘルム・フルトヴェングラーによって励まされました。何年も私はこの作曲に打ち込みました。そして今や私の豊かな人生において最も重要な仕事を終えたのです。

ヴィルヘルム・フルトヴェングラーに、私はこの作品を彼の五十回目の命日にあたって献呈したいのです。

第4章　音楽劇《あと四十日》

二〇〇一年、イエナで行われた「フルトヴェングラー・ターゲ」（この催しの詳細については第二章を参照）に私が出かけた時のこと。テーリヒェンが新作の総譜を手に話しかけてきた。それがこの音楽劇《あと四十日》（Noch Vierzig Tage）との出会いだった。旧約聖書のヨナ書に基づき演奏には約二時間を要する大作。彼は書き上げたものの上演するあてがない、と言う。そこで総譜を持ち帰り、日本で可能性を探ることにした。

今にして思うのだが、テーリヒェンがこの作曲上の遺言となる力作を母国で演奏する機会が与えられなかったという理由が気になる。彼が他界した今では憶測の域を出ないが、既に二冊の著作で行ったカラヤンをはじめとする現代の音楽界への批判と関係があるのではないか。二冊目の著作（邦訳一四一～一四二ページ）からは、一冊目の著作でのテーリヒェンの主張はベルリン・フィルハーモニーの同僚の不評をかなり買ったことが察せられる。せめて、彼の生誕百年にあたる今年（二〇二一年）には、この《あと四十日》がドイツのどこかで上演されないものかとも思うのだが、その予定はないようだ。残念である。

この作品は冒頭に「ドイツのミュージカル」（Ein deutsches Musical）と記されている。音楽にもジャズ的な手法が使われ、娯楽的な効果を持つ場面もあるが、全体としては極めて真面目で求道的な作品である。そこで、アメリカの商業的なミュージカルを想起されることを避けるため、あえて「音楽劇」と訳すことにした。

題材は旧約聖書の『ヨナ書』から採られている。舞台である町ニネヴェは、現在はイラクの北西部にある遺跡で、紀元前六一二年に滅ぼされるまで、最初の世界帝国と言われたアッシリアの首都であった。しかし、この音楽劇でのニネヴェの設定は現代の大都会（ベルリンや東京のような）となっている。また、主人公ヨナの職業は作曲家である。テキスト執筆は作家クラウス・レットケ（Klaus Lettke）も加わっており、作曲にはジャズ・ミュージシャンである息子のニコライ・テーリヒェン（Nicolai Thärichen）も部分的に携わっているらしいが、その詳細ははっきりしない。

テーリヒェンの息子、
ジャズ・ピアニストのニコライ

しかし、作品の実際の内容をじっくりと調べてみれば、ヴェルナー・テーリヒェンが発案から完成まで内容に深く関り、テキストにおいても音楽においても、主導的な役目を果たしており、彼が大部分の、そして筆頭の著作者と見なされるべきなのは明らかである。

テーリヒェンは私に何度も、この作品で自分はヨナを通じてフルトヴェングラーを描いたのだと語っていた。となるとヨナは、フルトヴェングラーに深く傾倒し、その魂を現代に生かそうと奮闘しているテーリヒェンその人の姿とも重なってくる。

私が主催する東京フルトヴェングラー研究会は、研究会の創立十周年の記念として、この音楽劇《あと四十日》を東京で世界初演することができた（二〇〇五年二月二十五、二十六日、ヤマハエレクトーンシティ渋谷）。

【世界初演時の演奏データ】

ヴェルナー・テーリヒェン　音楽劇《あと四十日》（日本語歌詞による演奏会形式上演）

（財）ヤマハ音楽振興会・音楽支援制度の助成による公演

●独唱　細岡雅哉（ヨナ）、久保由美子（魂）、太田悦世（クラージヒト博士）、生駒文昭（市長、司教、船長）、太田田実（内務大臣、操舵手、商人1）、西尾幸紘（文部・国防大臣、レポーター、商人2）、岡戸淳（財務大臣、自動車業者）、追分基（経済大臣、出版業者）、山口克枝（環境大臣、ジャーナリスト）、中瀬日佐男（アダム）、笹子まさえ（エヴァ）

●合唱　モーツァルト連（ソプラノ＝大森寿枝、滋田聖美、村松織部　アルト＝笹子まさえ、山川一江、山口克枝　テノール＝辻端幹彦、井東譲　バス＝青木順一、富塚研二、中瀬日佐男）

●管弦楽　ジャパン・エレクトロニック・オーケストラ（ＪＥＯ）（電子オルガン＝橘光一、奥野由希子、平山喜子、椿木友郁　電子パーカッション＝桝口玲子）　ナレーター　大林千恵

《あと四十日》世界初演
(2005年2月25,26日 ヤマハエレクトーンシティ渋谷)

●指揮・テキスト翻訳・演出　野口剛夫

二〇〇五年の初演は演奏会形式で行い、オーケストラには「電子オーケストラ」を用いた。電子オルガン四台、電子パーカッションによる計五名のアンサンブルである。この現代のオーケストラを使えば、費用的には従来のオーケストラの約十分の一で済み、小さな会場でも演奏できる。もちろんテーリヒェンには、前もって私の指揮により電子オーケストラで演奏したブルックナーの交響曲を聴いてもらったが、彼はそれに驚いたようですぐに演奏許可をくれた。

二〇〇五年二月に東京・渋谷で行われた世界初演は、優れた演奏家、歌手陣の奮闘で、大変に充実したものとなった。その模様をビデオにして、来聴できなかったテーリヒェン氏に送ると、次のような返事が来た。

二〇〇五年四月十日
親愛なる野口剛夫さん

旅行から帰って数日後に、あなたから《あと四十日》公演のビデオカセットが届きました。最初の四つの場はきのう家族と一緒に観ました。残りの二場は今しがた観たばかりです。

あなた方がすばらしく愛情に満ちた上演をしてくれたことに深く感動しています。すばらしい奏者と見事な歌手をあなたは結びつけたのです。合唱も数は少ないながら表情豊かでした。今日観た最後の二つの場は、とても感動しました。この部分だけでもまた上演しテレビ局に提供できないものかと思います。最初の四つの場も同様に卓越していましたし、愛情を込めて仕上げられていました。これを観てしまうと、神はこのすばらしい世界を滅ぼそうとする理由がほとんどなかったようにすら感じられます。これによって、ニネヴェにおける冷徹なエゴイズムと、ヨナおよび彼の「女性的な」魂の間の対比がいくらか弱くなってしまいました。運命を対比させながら描くのは難しいですね。

あなたの演出の着想も大変に良かった。舞台上の配置もです。あなた自身は謙虚にも自分に照明が当たらないように退いて指揮していましたが、このようなことをする指揮者はあまりいません。全てのことが極めて共感的に作用していました。皆さんの顔には愛情が表れています。どうか私の賞賛と心からの感謝を言わせてください。たとえ、これを理解できない批評家がいたとしても、彼は内面の耳、魂のスイッチが入っていないのだと私は思います。

またすぐにでもあなたとお会いしたい。指揮者としてのあなたの態度に感服しています。

心からの感謝と挨拶をもって
あなたのヴェルナー・テーリヒェン

さて、この音楽劇《あと四十日》には重要な二つのキーワードがある。それは「誠実さ」(Glaubwürdigkeit) と「女性的性質（女性らしさ）」(Weiblichkeit) である。

劇の冒頭では、ニネヴェの町の紛糾する議会の様子が描かれる。各々の権利と利益を追求するだけで、他人に共感することがなく、自己満足に浸る議員たち。呆れた市長は、町がそうなったのは「誠実さ」を持った人がいないからだ、と言う。しかし、そう言う彼自身は、自分ほど誠実な人間はいないと思い込んでいるのだ。

「誠実さ」。この言葉を使う人ならいっぱいいる。選挙での候補者のセリフ「誠実にがんばります」。議会や記者会見で「誠意をもって対処します」。しかし、なぜか誠実が声高に叫ばれるところに誠実はない。こうした状況がなぜ嘘っぽく感じられるのか。それはポーズであり、演技だからだ。本当には誠実でないのに、誠実ぶるからだ。自分を誠実だと言う人は、ほとんど誠実であったためしがないという逆説。

この作品は、そのテーマがただひたすらに本当の「誠実さ」の回復、追及と言ってもよい。テーリヒェンはそれをフルトヴェングラーの人間的、芸術的態度から学んだと言う。

では、「誠実さ」を本当に回復するために私たちはどうすればよいのか。テーリヒェンによれば、まず自分自身を見つめること。自分の心に問う、ということである。自分に正直になれないで、他人の気持ちになれるはずがない。

第四場はこの作品全体の思想的な中枢であり、劇の流れから言えば転回点にあたる。海に投げ込まれたヨナは、鯨の腹の中で目を覚ます。そこで彼は女性の姿をした自分の魂と対面する。

重要なのは、「鯨の腹の中」は二つの意味を持っているということである。まず、これは人間の生活環境から隔絶した、異常な場所、一種の極限状況である。ここにおいて、人は誰からも妨げられずに自分自身と向かいあうことになる。聖書には「打ち砕かれた魂でなければ人は神と出会えない」という意味の言葉がある。人生での徹底的な逆境、絶望の状態で、私たちはそれでも残ったものをかけがえのないものであると感じるだろう。普段は見えないもの、聞えないものが、こういう逆境においては見えたり聞えたりするのかもしれない。鯨の腹の中でこそ、ヨナも自分の魂に対面することができた。

二つ目の意味は、ここは新たに生まれる場所、精神的な生まれ変わりの場所であるということである。腹の中に宿り、そこから生まれる、というのは明らかに母親、女性を思い起こさせるが、ヨナの魂も女性の姿をとって現れる。

ここで、この作品における二つ目のキーワード「女性的性質」(Weiblichkeit) が理解されることになる。テーリヒェンがここで「女性的」と言うのは、性的な区別ではなく、劇中で「永遠の女性的性質」(Ewige Weiblichkeit) と言われているように、男にも女にも本来は備わっている性質なのであり、他のものを受け止めてそれをさらに豊かに生むことなのだ。

こうした営みにおいては、魂はひとりよがりが、自己完結ができない。他者を受け止めるということは、他者を男性的に征服する、力ずくで屈服させるということではなく、他者に共感し理解すること、愛することになる。つまり自分と他者との絆、交流が生まれる。だからテーリヒェンにとっては、女性的性質というのは、人の感受性、愛情を生む基礎になっている概念なのである。ちなみに、テーリヒェンがフルトヴェングラーを音楽家として何よりも尊敬する理由は、フルトヴェングラーが「女性的な」音楽家であったからだという。ユニークであるだけでなく、非常に本質を突いた洞察なのではないかと思われる。

ここでさらに重要なことがある。主人公のヨナでさえ「誠実さ」の意義、そして自分の使命を悟るまでには時間がかかっているということである。彼自身も成長しなければならなかったのである。

第二場で有名になったヨナは、マスコミや企業から客寄せの道具として利用されることを厭い、町を脱出するのであるが、それはまた困難からの逃避であり、精神的に未熟な段階であるとも考えられる。しかし第四場、ヨナは飲み込まれた鯨の腹の中で、自分の魂と出会い、自らの「女性的性質」(Weiblichkeit)も意識し、他者の悩み苦しみに思いを致すことができるようになる。そうなって初めて、ヨナは自分は町に戻って、人々に神の警告を伝えなければならない、と本気になって思うことができた。

しかし、ニネヴェの町に戻ったヨナが目にしたのは、一様に悔い改め、むしろ彼を町の指導者として待望する人々の姿だった。それもまた、ヨナには信じられなかった。人間はそんなに早く心を入れ替えたりできるのか。一人一人が自ら考え、自らに出会うことをしなければ、いずれ世界は滅びるだろう、というメッセージを残してヨナは町から去っていく。ヨナ=フルトヴェングラー=テーリリヒェンから投げられたボールを、私たちは今どのように投げ返すのだろう。[編訳者]

第1場　市庁舎での会議

※音楽劇である本テキストは歌唱と語りの部分に分かれている。
歌唱は明朝体で、語りはゴシック体で示す。

（あらすじ）舞台はニネヴェの市議会。議員たちがめいめいに演説するが、私利私欲を主張するだけで、お互いには全く聞く耳を持たない。こうした議員たちのエゴイズムはもはや頂点にまで達し、人の心は荒廃している。市長は人々が「誠実さ」を取り戻すことが急務であると述べ、当代最高の女性科学者クラージヒト博士を議会に招待する。博士は、人間に誠実さがあるかどうかを測ることができる装置を発明していた。しかし、その装置が誠実さを持つ人として見い出したのは、作曲家のヨナただひとりだった。

財務大臣　必要なのはただ一つ、競争だけだ！
内務大臣　曖昧なものは、みな叩き出せ！

財務大臣　皆がやって来る。丁寧に頼まれても面倒だ。でもはっきり要求されると、腹が立つ。俺の我慢にもほどがある。

経済大臣　競争だ。

内務大臣　曖昧なものは叩き出せ。

経済大臣　労働者どもの賃金は、なるべく下げるんだ。

内務大臣　偽の預言者に注意。

財務大臣　ああ、欲しいのは金、たとえ借金でも。いけないのはわかっているのだが。でも綺麗ごとだけでこの世を渡れるか？　何を言われても、俺は平気だ。金が全て。俺が好きなのは金！

内務大臣　おい、お仕置きだぞ。

経済大臣　休まず仕事、

内務大臣　きちんとやれよ。

経済大臣　さぼれば、

内務大臣　お仕置き、

経済大臣　さあ稼げ。

内務大臣　賢くやれ、

経済大臣　揉め事起こすな。労働者どもの賃金は、なるべく下げるんだ。
内務大臣　芸術家を見張れ。大衆は信じられぬ、全部叩き出せ。
経済大臣　この町は滅びる、もし人が見る目を持たないなら。一人で生きていくのは無理だ。
内務大臣　嘘でも、本当でも、あいつらは頑固だ。
財務大臣　俺を皆が頼る。
内務大臣　俺だけに！
経済大臣　一人は無理だ。今や経済はグローバルの時代だ。でも、政府は何をした？　全く彼らは何もわかっちゃいない。情けないことだ。
財務大臣　俺だけに！
内務大臣　俺だけに！
財務大臣　欲しいのは金！
内務大臣　きちんとやれよ！
財務大臣　どんな人も我慢できない、
内務大臣　このニネヴェの町を。俺だけが、民の味方だ！
経済大臣　大事なものは競争だ。激しく本能のまま生きることだ。お上が用意した待遇の上で、あぐらをかいちゃいけない。俺がいなくちゃ駄目だ！

財務大臣　俺は天才！
内務大臣　俺がいなくちゃ駄目！
財務大臣　全ては金！
内務大臣　（歩み出る）もしも民衆に任せたりしたら、とんでもないことになるぞ。強い人が欲しい、つまり一人の独裁者。ここニネヴェのだ。
財務大臣　欲しいのは金！
経済大臣　あいつらは怠け者、俺たちを裏切った。
財務大臣　俺だけ。
経済大臣　労働者どもの賃金を、なるべく下げるんだ！
財務大臣　俺にはどうでもいい。この町はどうせ滅びる。
内務大臣　気をつけろ、ニセの予言者に！　あいつらは法螺吹きで、間違った本を読んでいる！　絶対やつらを懲らしめてやる。そしてここから追い出してやる。世の人を惑わす芸術家や知識人、やつらを見張るんだ！
経済大臣　もし人が見る目を、
財務大臣　やれやれいつでもやつらは。
経済大臣　見る目を持たないなら。

財務大臣　この町を守らなければ。
経済大臣　傲慢だ、賢ぶるのは！　それが何になる？
内務大臣　金が無くなれば、経済は落ち込む。俺がいなければ！
財務大臣　この町を守らなければ。
経済大臣　こうするんだ！
財務大臣　それが何になる。
経済、財務、内務大臣　もし彼らが上の空でも！
環境大臣　ニネヴェはただひたすらに経済の発展と富を求め、その他はない。その他は何にもない！
内務大臣　町を守れ。
経済大臣　どうなる？
経済、財務、内務大臣　上の空でも。この町を守れ。
環境大臣　ここで私は必要ない人。
内務大臣　知っているのさ。なすべきことはひとつ。ただしそれをいかに伝える？
経済大臣　知っているのさ。あのことを。俺と仲間が、いかにして伝えるか？
財務大臣　俺たちは知っているのさ。なすべき一つのこと。いかにして俺と仲間がそれを伝えるか。

環境大臣　こんな面倒で割に合わない仕事を、人はちゃっかり女性にやらせる。でも、希望がない訳ではない。女性たちを私は救いたい。

（内務大臣、経済大臣、財務大臣は即興的に、時に歌い、時に話し、あるいは歌わなくても独自の問題を非常に強く表現する。）

経済、財務、内務大臣　俺と仲間が……

環境大臣　面倒な仕事を人はちゃっかり女性にやらせる。私は彼女たちを救いたい。

経済大臣　俺はまるで、砂漠の預言者だ。

財務大臣　君らは傲慢で聞く耳がない。

内務大臣　俺がいなければお前らは駄目だ。

環境大臣　もちろん一切の妥協はありません。できるかできないか二つに一つ。話しているだけでは駄目。一人じゃ、あなたがたはなんにもできない。

（市長は皆の注意を喚起しようとし、最初は自分の机上の鐘を鳴らし、次に議論に熱中する者たちの方に鐘を持って行って鳴らし、しまいには木槌を持ち出し、机を叩く。皆は黙るが、話す身振りは続けている。）

市長　皆さん、やっと静寂と沈黙が訪れました。でも、今皆さんは聞こえるようで何も聞いてはいない。昔バビロンの町で、神は人間の言葉を混乱させました。人は聞いても何も理解しませんでした。しかし、ここニネヴェで皆さんは理解できる力がありながら、何も聞きたくないのです。一人一人が話しますが、自分しか聞いていない。他人に耳を傾けることができないのです。他人が何を言っても信じず、言う前から疑っている。誠実、これこそ我々に欠けているものなのです。知らぬ間に、それは我々から失われたのです。皆が互いに疑い合っているような町をいったい誰が治められるでしょう。これから大臣の話を聞きましょう。彼は文化と防衛という二つの部分の責任者です。我々を救えるのは彼だけです。

文化・防衛大臣（興奮し、考えにふけっている）まず、誤解を解かねばならない。この仕事は、私にぴったりなのです。

普通なら人はこう考えます。芸術と軍隊は結び付かぬと。

しかし、実は、両者は互いに依存し、また内容も共通しています。

強引にやらなければ、うまくいかない、私たちの文化を伝えようとするなら。

芸術とはまさしくこの世が生んだ最高のものなのです。

自然を征服した人間は、文明を創造したのです。

過ちも犯しはしましたが、それを私は恐れません。


あなた方はこの町が滅びると信じ、へりくだり、神の怒りの前に、ひれ伏そうとする。しかし我々は、そもそも神の罰を受けずに済ますにはどうしたらよいか、を考えるべきではないでしょうか。（ひそかに、しかし勝利を確信して踊る。）


私たちに大事なのはへりくだることではない。

私たちはむしろ自信を持ってよいのです。この町にはなにも悪いところはない。すばらしい自分の値打ちに気付くべきです。私たちは神に護られている。

（他の大臣たちがおしゃべりを始める。）

敵どもがこの町をぐるっと取り巻き、
さらに人々を苦しめても、神は必ずや敵どもを滅ぼす。

（他の大臣たちは、彼の話を聞いておらず、踊りと身振りによって自分の考えだけに没頭している。そして、彼ら自身の考えを独創的なスローガンとしてますますやかましく告げる。市長は卓上の鐘で静粛を訴えるが徒労に終わる。彼が木槌を取り出し、大臣たちの前に立ちはだかると、音は鳴り止む。）

市長　ようやく静かになりました。議事に入りましょう。皆さんはよく分かっていますね。「誠実」というものが今ほとんどどこにもないということを。まさに緊急事態です。私は科学界の泰斗であるクラージヒト博士をここに招待しました。彼女はまさに科学の権化である、私よりもはるかに賢い。彼女は正確かつ中立の立場から、誰が誠実であり、誰がそうでないか、を測ることができます。

（クラージヒトが入って来る。彼女は手首に複雑な測定装置を付け、帽子と腕からはアンテナが伸びており、その動作はロボットのようである。）

内務大臣　あの女を知っているか？

経済大臣　彼女は無所属だ。

財務大臣　緑の党なら、もっと悪いな！

内務大臣　なぜ女なんだ？　たぶん彼女は市長のお気に入りなんだろう！

市長　（彼女に呼び掛ける）クラージヒト博士、こちらにいらして下さい。

クラージヒト　私は市長の命を受け、あなたがたにどのくらいの誠実さがあるか、この私の発明した装置で調べるんです。

そう科学、科学だけがこの世の問題を解決でき、そして確実に変わらぬ信頼を未来へ届けるのです。
たとえ心が隠しても科学によって、それが分かる。なぜなら徹底的に探究するから。
この装置について説明します。この電線付きのアンテナでこころを調べ、
そうするなら、この装置は正確に誠実さを測れるのです。
この素晴らしい装置は間違いなく測れるのです、
人の中にどれくらいの誠実さがあるのかを。
さあ、ご覧下さい。たちまちに、私の装置が示すのは、皆さん全てが知りたいこと。
この針は、大きく振れています。ただ残念ながら、針の向きはマイナスですが。

（議員たちは罵りながら舞台裏へと去っていく。）

文化・防衛大臣　全ていかさまだ！

財務大臣　ペテン師！

経済大臣　もしあの装置が悪人の手に落ちたら…

内務大臣　既にそうなっているよ！

環境大臣　人の魂を見るなんて。そんなことになれば、私たちはどうなるんです？

財務大臣　悪魔の仕業だ！　神だけが魂を見ることができるのに。
経済大臣　個人情報の保護という問題はどうなる？
内務大臣　私は激しく抗議する！
文化・防衛大臣　誰もそれに関わっちゃだめだ！
（議員たちはいつのまにか議場からいなくなる。）
市長　あなたのお考えは素晴らしい！　この装置が私には必要です。今日、壁の外装工事でこれを取り付けます。私の反対者や同僚の本音を、このアンテナによって知ることができるでしょう。
クラージヒト　この装置を全面的に備え付ければ、ご希望に沿える結果が出るでしょう。
市長　実は私、こう見えても、毎日鏡の前で誠実に見えるように練習しているんですよ。しかし、今日は貴女のやり方で私を調べて下さい。（彼女はアンテナを市長に向ける。）何を示しているのですか、このメーターは？
クラージヒト　かなり振れていますね。
市長　どうもそのようですなあ！
クラージヒト　ただ、残念ながらマイナスにです。
市長　どんなすごい技術か知りませんが、信用できませんなあ。ああ、頭がおかしくなりそうだ。私がそうでないとしたら、そもそも誰が誠実なのだろう？

クラージヒト　ただ一人だけいるのです。この町でこの針が何度も明らかにプラスの方へ振れました。その人の名はヨナ、多分そんな名前。

市長　その男がヨナというのですね。とにかくだ、彼はどこに住んでいますか？　急いで彼に会わなければ！　彼をすぐに議員にしよう。そして、私のスポークスマンにするのだ！　彼が評価されれば、私も同じくらいに評価される。もし彼と組めば、私が主張していることを全て実現できる。

クラージヒト　しかし、彼はとても内気で、その上、外国人です。

市長　構いません。永住ビザを与えます。彼は選挙戦で最大の切り札になるでしょう。クラージヒト博士、彼、ヨナをここへ連れて来て下さい！

第２場　ヨナの部屋

（あらすじ）ニネヴェの町でただ一人、誠実さを持つ人として、政府のスポークスマンに任命された作曲家のヨナには、急にマスコミの注目が集まることになる。テレビ局、自動車会社や出版社などの人々が、ヨナの自宅に押し掛ける。しかし、ヨナ自身に関心を持つ人はおらず、皆が彼を利用しようとしているだけなのだった。急にチヤホヤされることに疑いを持ち、商売の道具にされることを嫌うヨナは、静かな生活が奪われたと感じ、「世界の終わり」へと逃亡する。

（簡素なアトリエで、ヨナはピアノに向かっている。彼は〈内心の〉繊細なコロラトゥーラの声を聴いている。聴いたかと思えばピアノを弾く。その間に時々机に向かっては、自分の気持ちを書き下ろす。彼は落ち着かず、興奮するときもあれば、考え込み、気分を鎮めようとするがうまくいかない。）

ヨナの魂　（姿は見えないヴォカリーズの声。響きがかすかになるにつれて、幸せの感覚があふれる。最高の静寂の瞬間が訪れる。）

（ドアを叩く音。ドア叩きの音は一層大きくなる。ヨナは徐々に反応する。）

ヨナ　（怒って）何ということだ。騒がしい！　どなたですか？

（ドアを開けると放送局の取材スタッフがなだれ込み、屋内をせわしなく眺めている。）

レポーター　ヨナさんですね？

ヨナ　ええ…

レポーター　お邪魔してよろしいですか？（カメラマンと照明係に）我々が一番乗りだ。

ヨナ　いったい何の用ですか？

レポーター　ヨナさん、これはおいしいお話です。あなたをスターにします。つまりビッグに！

ヨナ　ほっといてくれ！

レポーター　でもね、ヨナさん、あなたは今本当に幸せですか？

すぐあなたは有名になれるんです！　もし今の生活をやめるなら。
金と名声が手に入る！　必要なことは何でもしますよ。

ヨナ　頼むから、私をそっとしておいてくれ！

レポーター　ちょっとだけこの場所をお借りしたい。そうすればすぐにわかりますよ。
撮影、用意！　スタート！「ヨナ、テイク2！」カメラはもう少し横から！
ハイ、ストップ！　あなたの立ち方はぎこちないですね。
それにちっともカメラを見てくれない！
あなたは「誠実」に見えねばならない。効果的に！

ヨナ　あなた方の考えていることはよくわからん。

自動車会社社長　ヨナさん、あなたにこの鍵をお渡ししてもよいですか？

ヨナ　鍵なら自分のを持っている。

自動車会社社長　いえ、それでなく、自動車の鍵です。車は外に停めてあります。この車はあなたへのプレゼントです。

ヨナ　車が必要かどうかもわからないのに、なぜ車が手に入るのだ？

自動車会社社長　理由などありません、全く。ただそこにくつろいで座っていて下さい。何枚かおしゃれな写真を撮りましょう。本当にそれだけで結構です。

ジャーナリスト　ヨナさん、私は「映像のスター」という雑誌の者です。あなたの人生に私たちはとても興味が。

ヨナ　もう我慢ならん！

ジャーナリスト　たくさんお金を用意しています。（ヨナのポケットに封筒を入れる）独占契約でどうでしょう。よろしければここに署名をお願いしたいのですが。

ヨナ　ここは本当に自分の家なんだろうか？

ジャーナリスト　私どもに全てお任せください。きっと満足いただけるでしょう。雑誌の見出しはこうです。「無名の人から政府スポークスマンへ」。

ヨナ　誰だって？　何だって？　ここから出て行ってくれ！

（クラージヒト、息を切らせてドアを開けて入って来る。）

クラージヒト　良かった、ヨナさん。今一人でなくこんなに大勢の人と楽しそうです！

お邪魔してごめんなさい。大事なことをあなたに申し上げたい。
もう既におわかりでしょうが、あなたの魂を調べたい。特に一切の感覚と能力を。
科学とは、そうしたものなのです。
あなたの心がとても分かりやすいのは、芸術家だから。

ヨナ　私には何の関係もないことだ。芸術家をひいきしたいというなら、他にもたくさんいるじゃないか。

クラージヒト　何百人も調べましたが、満足できる人はゼロ。
ほとんどは、やはり残念ながら、自分を売り込むことしか考えない。
まぎれもなくこの装置は示しています。ヨナさんだけは信頼できる。

その場の全ての人々　あなただけ、あなただけ、あなただけ、
あなただけは、信頼できる、信頼できる。
信頼、信頼、信頼できる。

ヨナ　なんとたわけたことだ！　全てが間違っている！

自動車会社社長　ヨナさん、どうかお待ちを！　今、私が問題にしているのは、正しいか間違っているかということではないのです。

（彼は車のキーを持って目配せする。もう一人が彼に契約書と花束を渡す。）

レポーター　ヨナさん。もしあなたがこの方向でご検討いただけ…

ヨナ　悪ふざけはもうやめだ！　私の家から出て行ってくれ！　みんなだ、みんな出て行ってくれ！

（ヨナが決然とドアを開けると、そこに司教が立っている。司教の古い法衣はいくらかみすぼらしく見える。この男は卑屈で絶望しているような印象を与える。ヨナは後ずさりする。）

クラージヒト　司教様！　今、事態は緊迫しています！

司教　ヨナさん、誰にも邪魔されず、私たち二人だけになれないでしょうか…？

ヨナ　あそこの隅が空いています。

（彼は司教と舞台の最前面の隅に移動。そこには来客のための椅子も置いてある。）

ヨナ　（テレビ局と報道の関係者に）どうか私たちを二人きりにしてくれ！

（多くの人はその要求に従ったふりをするだけで、実際はあらゆる照明、カメラ、マイクロフォンは、ヨナと司教に向けられる。）

司教　なぜ私がここに来たかわかりますか？

ヨナ　わかりません。

司教　（情熱的に）この町の状態はひどいものです。神様はこの町を滅ぼすでしょう。

四十日たてばこの町は滅びる。これは当然の報いなのだ。

絶望しつつ、私は人々に告げます。神の前で懺悔せよ、世の終わりは近いと。

しかし、ここではその声も虚しく響くだけ。

神の声を聞かず、さらに間違った教えに騙される。

そして人は周りが見えなくなり、そのうちに、感覚が麻痺していく。

そんな彼らの頑なな心を開くことができるのは、あなただけだ。

だから人々に向かって神の御名によって告げてほしいのです。この町の滅亡を！

ヨナ　あなたは話が巧みで、皆から尊敬され、世の中の悪と妥協しないで戦っている。そのあなたよりも上手に話すなんてとてもできません。戦いたくはないし、それができるとも思えないのです。

司教　いやできる。自分を信じ、自分の力を信じなさい。

あなたは誠実そのもの、人の心をあなたは開くことができる。

ヨナ　なんてことだ！（テレビや報道の関係者に向かって）秘密を守れとお願いしたのに、あなた方のやることはまるで正反対だ。

司教　全ての人に話して下さい！　それがまさしくあなたの任務なのです。すぐにここで、マイクとカメラの前で語って下さい。

ヨナ　突然、私はヒーローになった。

大ヒット、大スター！　皆変わってしまった。

何を私がしゃべろうと人は全部有難い知恵だと思ってしまう。

私が誰だか、知らないのに。

今までさっぱり無関心だったのに、急にライトを当てて、チヤホヤするなんて。

そんな嘘は大嫌いだ。偽善は嫌なんだ。

まだ何もない方がましだ。ここから出ていってくれ！

もう二度と来ないでくれ！

（ヨナはドアを開け、歓迎されざる客たちに出ていけとうながす。しかし、皆はこの光景に大いに満足し、彼におかまいなく写真を撮る。困り果てて中央に立ち尽くすヨナ。）

レポーター　（カメラマンと照明係に）すごいぞ！　こりゃ最高のシーンだ！　彼が我々皆をどうやって追い出すか。こりゃ良いぞ！　彼がどうやってドアを開けたか、見たか？

カメラマン　残念ながら、フィルムが終わってしまったのです。新しいのを入れないと…。

照明係　なんてこった。

レポーター　（興奮して駆け寄る。）ヨナさん、今みたいにもう一度怒っていただけませんか？

ヨナ　これ以上言うと、本当に怒るぞ。あなた方は分かっていない。自分が利用されるのは御免だ。私は一人でいられれば十分なのだ！

（ヨナは取り乱して舞台の中央に立つ。彼のあらゆる感情はカメラマンによって撮影される。）

（一人の男〈出版社社長〉が特に念入りに住居の中を眺め渡し、ヨナに興味ありげに聞き耳を立てていた。そしてヨナの方にやって来る。）

出版社社長　ヨナ先生のお気持ちはよく分かります。突然有名になり、お金持ちになったのに、ご自身は何もしていないのですからね。しかし、あなたが詩人であり、作曲家である限り、私がお手伝いします。ずいぶん長い間、私は先生の作品を書斎に眠らせてきました。詳しく調べるための時間がなかったのです。私どもは「世界中をアッと驚かせる」ようなものばかりを追い求めてきたあまり、本当に良いものを見過ごしてしまったのです。しかし、そんなやり方も今や全く変わらねばならない。ヨナ先生、あなたは将来、わが出版社の看板作曲家になるでしょう。

ヨナ　あなたが言っているのは、私のどの作品のことですか？

出版社社長　（動揺して）あの…その…そういうことではなくって、私は先生がこれまでお書きになったものを全ていただきたく。

ヨナ　全てだって？　全てが気に入ったとでもいうのか？

出版社社長　それは安心して私にお任せ下さい。私の号令ひとつで、先生は世界中の評判になるでしょう。

ヨナ　しかし、あなたは何も知らないではないですか！　私と私の作品について、何も知らないではないですか！

（ここからバックに電子音楽が流れる）

出版社社長　今ここで十分に見ました。先生には満足していただけるでしょう。最高のアシスタントを用意します。彼らはどんなメロディーもヒット・チャートに載せることができるんですよ。そのために私どもには最新式のコンピューターがありますし、うっとりする響きを作り出すソフトウェアや、リズムマシンも用意しております。これで聴き手のハートをゲットすることは決まりです。私どもにお任せくだされば、成功はお約束します。

今モーツァルトのような人は、もう必要ないのです。私どもはモーツァルトをはじめとした巨匠たちを全て分析し、その音楽が消費者にどう作用するかを調べ上げました。真面目に申し上げたいのですが、先生のお名前が私どもには必要なんです。新しい劇場を建てます。今までのよりはるかに大きく豪華な劇場をです。そして、その劇場には先生のお名前を付けたい。たとえば「ヨナ・メモリアル・ホール」なんてどうですか。町中に先生のお名前が知れ渡るわけです。そして今後何の不安もない生活が保障されるんです。

ヨナ　そして、思う存分に作曲できるというわけだ！

出版社社長　いいえ、もう作曲はなさらないで下さい。それはもう多すぎるくらいです。重要なのは、「作ることではなくて、売ること」なんです。私どもに任せて下さるだけでよいのです。お金持ちになることがいかに愉快か、分かっていただけるでしょう。

ヨナ　つまり、私は飽きるほど楽しむべきというんだな。私自身はもう飽きられているというのに？

これは罠だ。私を貪り食おうとする怪物がはっきりと見える。何で皆突っ立って私をじっと見ているんだ？　ここから出て行ってくれ！

（皆動こうとしない）

ヨナ　もし、あなた方が私に静かで心安らかな生活をさせてくれないなら、私がここから出て行こう。逃げ出そう。この世界の果てまでも！

（カメラマンは新しいフィルムを入れており、全てのやり取りは収録されていた。ヨナが絶望して自宅を去る様もである。）

第３場　ある船の甲板で

（あらすじ）密かに追いかけてくるクラージヒト博士と共に、ヨナは世界の終わりを目指す船に乗り込む。船客たちは風変わりな彼を奇異の目で見ている。船長はクラージヒト博士をデートに誘おうとするが、ヨナのことしか目に入らない博士は全く相手にしない。そうこうしている間に、嵐の襲来で船の中は大混乱となる。そんな中、ひとり平然と寝ているヨナは、悪魔の手先であるとの疑いがかけられ、海の中へと投げ込まれてしまう。

（上機嫌の船客たちは日光浴をしたり、甲板の上で楽しんでいる。スピーカーから聞こえるのは、やかましく単調で絶え間なく流される流行歌だ。それを船客は非常に喜んで聴いており、部分的には一緒に歌う。）

船客たち　お前だけさ、お前だけさ、いつも、いつも、何でもありさ。
もっと、どこでも、がっぽりいただき、これはすごいぞ、言ってみりゃ、ウハウハ！

気分は最低、でもさ、何とかなる。

ただね、金髪ねえちゃん、危険だ！

二人の暮らし、時間はたっぷり。金はないけど、気持ちは天国！

おや、ごめん、しまった！　彼女は、行っちゃった。

俺は、一人。泣いて、寂しい。この世は、辛い。

夢に逃げ込もう。運が良けりゃ、しあわせ戻る。

ホリデー、海はいいね、オーケー。日光浴、ビールとワイン、気持ちいい、二人きり。

おいで、ここへ、欲しいおまえが。

トレンド追っかけ、永遠のハッピーエンド。

（ヨナが登場。日傘を差し、防寒用の耳覆いを付け、流行音楽が聴こえないようにしている。彼の姿は否応なく周囲の注目を浴びる。）

船客1　ねえ、あの人ヨナじゃないかしら？
船客2　ヨナって？
船客1　テレビで見なかったの？
船客2　知らないね。彼はどのチームにいるのかな？

船客１　サッカー選手じゃないの、ええと…何と言えばいいかしら…
船客２　コーチだ！
船客１　あなたの頭の中にはサッカー以外のことはないの？
船客３　本当にヨナさんがこの船で私たちと一緒にいるなんて！　ずいぶんと奇妙な恰好ね！
船客４　ヨナって誰だい？
船客３　頭が変な人よ。
船客１　そんなこと信じちゃ駄目。彼は聖者よ。彼は逃走中で、世界の終わりを目指しているのよ。
船客３　じゃあ、やはり頭がおかしいんだ！
船客４　「世界の終わり」というアイデアは悪くない！　型破りな究極の旅行先じゃないか！
船客５　(船客6に)彼って私のタイプだわ。
船客６　(船客5に)私に気付いたわ。あら、違った。変ね、私どこでも目立つのに。
船客５　あの人、変わっているわ。
船客６　そうね、めちゃめちゃ変わっている。

船客4　そうじゃないんだ、女の子たち！　もっと大事なことがあるんだ！　それは世界が終わるということだ！　ヨナはどうしたらよいかを知っている。だから、僕は彼に大統領になってほしいのさ。

船客3　私たちも一緒に行きます。ヨナさん、そうですよねえ？

船客たち　ヨナさん、ヨナさん、わかって下さい。

あなたのような偉い人はひとりではいられない。

あなたは私たちからほめられて尊敬される。

メディアは伝えています。あなたが向かっているのは、この世の終わり。

私たちもお供します。私たちもそこに行きたいのです。

どうか私たちを導いて欲しい！

（船客1が先頭に立って言う）

みんなにサインを下さい！

（皆が入り乱れて）

サインを！　サインを！…

（ヨナは逃げる）

（クラージヒトが風の来ない隅に座って何冊かの本を読んでいると、船長がそこにやって来て、熱心に誘う。何人かの船客がそれを応援する。）

船長　彼女は本の虫だ。
その可愛らしい顔を本の中に埋めている。
きっとあなたは知らない、本当の人生の喜びを。

船客たち　本当の人生の喜びを。

船長　朝からもう読書、昼も晩も読書。
いつも普通の人には難しすぎる本ばかり。
本当の人生を全然あなたは知らない。

船客たち　本当の人生をあなたは知らない。
笑ったり踊ったりできますか？

船長　たまには冗談を言えますか？

船客たち　少し、目配せすれば、男をものにできるんです。
それをあなたは今まで知らなかった。

船長　あなたは運がいい。

もし私がもてる男でなければ、貴女に話しかけることはないでしょう。

船客たち　他のことにはさっぱり興味なく、ただあなたは科学だけ！

船長　私は貴女の役に立ちたい、たとえ、この仕事が忙しくても。

貴女にこの船をご案内したい。私の世界、船長の仕事を。

クラージヒト　私の望みは、この船が無事に皆さんを目的地まで運んでくれること、これだけです。

船長　船長としては、女性からそのように断られるのは、ちょっと辛いですな！

貴女には科学しかないようですが、この世にはずっと美しいものがある！

キャンドルの灯をともして、シャンペンなんかどうです？　貴女をご招待しましょう。

クラージヒト　いいえ、一杯の紅茶と太陽の光で十分です。そのほうがよく見えますから！

（ヨナが急いで通り過ぎる。彼は何も聞かず、見ない。クラージヒトは彼をつぶさに観察し、メモを取る。）

船長　ああ、だから科学だけじゃダメなんですよ。貴女に必要なのは男だ。それにしても本当にがっかりです。私が貴女の男になれないとは。今晩、私と食事をしていただけないでしょうか？

（航海士が急いで駆けて来る。彼は全く取り乱している。せっかちに動揺して船長を探しているさまが、船客たちの笑いを誘う。）

船客３　あ、また一人、頭の変な人が来たわよ！

航海士　（興奮して叫びながら）ああ船長！　大変です。もう、いったいどうしたらよいか、南から台風が来ます。前代未聞の大きさです。こちらに迫ってきます。この船は沈んでしまうでしょう。なんとかこれを避けたいが、しかし何と、今度の台風は、魔法によって操られているようです。まるで自分で考えているみたいに。しつこく、この船につきまとってくるのです。もはや、打つ手がありません！

船長　（拍手して陽気に）全くばかげておる。君は悪い夢を見ていたのだ。この海域に台風が現れたことはない。ここを私はもう二十年も航海しているんだ。

（突然、舞台は暗くなり、稲光や雷鳴を伴った嵐が船を見舞う。）

船長　積み荷と要らない物は甲板から投げ捨てさせるんだ！　それと救命ボートの用意だ！　ライフジャケットを配って！　（航海士は出て行く）

（船内マイクロフォンに向かって）皆さん、こちらは船長です。どうか冷静にお願いします！　ご心配には及びません。ライフジャケットを配りましたのは、いちおう用心のためです。

クラージヒト　（クラージヒトに）博士、この現象をご説明いただけますか？　科学的には説明のつかない超自然的な力が作用しているようです。

船客２　お前たち聞いたな。この船は世界の終わりへ向かっているんだ。ところで我らの大統領はどこにいる？

（船長、クラージヒト退出）

船客１　私もそれを考えていたの。

船客５　彼は怪しい人じゃないかしら。
船客６　彼が全てのものに魔法をかけたのよ。普通の人間ではないのよ。
船客１　あの男は悪魔と手を組んでいるんだわ！　彼はどこ？　どこに隠れているのかしら？
船客２　船長、ヨナです！　彼は我々をひどい目に遭わせる気です！　なんてこった、妻と子供もいるというのに！
船客４　甲板の下で眠っていたぞ。
船客３　（あざけるように）全く呆れたものだわ！
船客１　彼を起こしましょう！　水でもぶっかけてやるのよ！
（ヨナは舞台の中央に引きずり出される。状況を察すると、彼は世界の滅亡について《子守歌》を歌う。）
ヨナ　山が燃え、水が溢れ、猛り狂う暴風が我々を襲うだろう。
人が滅ぶのは良いことだ。人は皆、心を忘れてしまった。
何をしても満足できず、いつの間にか苦労ばかりが増えていき、
浮世の中で自分を見失い、欺き、堕落してしまう。

金を狂ったように儲けても、その報いは必ずある。
だから人が滅びるのは、当然なのだ。滅びることは良いことだ。

（嵐の中、乗客たちの興奮は高まっていく。）

船客1　こうなってヨナはよかったと思っているわ！
船客2　あいつは我々の苦難を楽しんでいる！
船客3　あいつはサタンそのものよ！
船客4　悪人め！　世界を滅ぼそうとする者め！
船客1　彼を捕らえるのよ！
船客2　海に放り込んでしまえ！

（彼らはヨナを捕らえる。）

ヨナ　君たちがこの大波に私を生贄として捧げるというのなら、それでもいい。この人生に未練はない。

（彼は抵抗しないので、皆は驚いて後ずさりする。激しい雷鳴と特大の高波に、彼らは絶叫して叫ぶ。）

船客1　迷っている場合ではないわよ！

船客２　もうやるしかない！
船客３　ヨナは何をしでかすか、わかったものじゃない。彼をこれ以上ここに留めておいてはいけないわ！
船客４　ヨナを海へ捨てるんだ！　甲板から放り投げろ！
（彼らはヨナを捕らえると、1、2、3！　と叫んで甲板から海へと放り投げる。嵐は止む。船客1はスピーカーの方へ行き、また馴染みの音楽を流す。）
船客６　駄目、やめてよ。今はやめて！　何だか不安だわ。私たち、すごくひどいことをしちゃったんだわ。
船客２　私は心から踊りを楽しみたい。こんなことはもうたくさんだ！
（船客5はスピーカーの方に走っていき、スイッチを切る。）
船客５　今は静かにしてよ！
船客１　静かなのは耐えられないの。
船客３　もしかすると、彼は聖者だったのかもしれない。
船客４　誰が？
船客３　ヨナがよ。
船客４　あいつのことはもうほとんど忘れちまった！　今頃はサメの餌食になっているだ

ろう。聖者だろうと罪びとだろうと、そんなことはサメには関係ないんだ！

（船客1はオーディオ装置のスイッチを再び入れる。）

船客1　さあ、祝いましょうよ！　私たち助かったのよ！　乾杯しましょう！　今日はみんなにおごるわよ。

（ある者はこの場の冒頭と同じように、流行歌に合わせて歌ったり踊ったりし、ある者はダンスに夢中になっている。）

第４場　クジラの腹の中で

（あらすじ）海に投げ込まれ、気を失っていたヨナは、自分がたったひとりで、真っ暗な鯨の腹の中にいるのに気づく。この極限状況の中、彼は女性の姿をした自分の魂と出会い、対話をする。魂はヨナに、人を支配したり要求するのでなく、人の気持ちを受け入れ、共に愛しあって生きることが大切であると説く。そこに、どのようにしてかクラージヒト博士も後を追いかけてやってくる。彼女の科学一辺倒の価値観も、ヨナと魂によって変容していく。人の本質に目覚めたヨナとクラージヒト博士は、人々に警告するためにニネヴェの町に戻ることを決意するのだった。

ヨナ　おい、助けて！
息ができない！　苦しい！
何も見えない。なぜ真っ暗なんだ？
誰もいないのか？　牢屋だってこんなに狭くはない。

よく滑る。おい、聞こえないのか？
この牢屋で生きるか、それとも死ぬのか？
ここはあの世か？　いったいどうなってるんだ。
あるいは、あの世で夢を見ているのか？
息はできる。心臓の鼓動の音だろうか？　大きな太鼓の音のようだ。
これは私のか？　（自分の心拍を感じて）私のはもっと早い。
ここがどこなのか知らなければ。そして、抜け出さねば。
でないと、本当に死んでしまう！

魂　アー……　（ヴォカリーズで歌う。）

ヨナ　（静かに歌う。）静かだ、とても静かだ。
静寂が辺りを満たし、闇の中の光へと変わる。
深く息を吸いこの何もない部屋を喜ぼう。不思議だ。むしろここは気が休まる。
（ヨナは声の主をたずね求める仕草をする。）
君の声はここからでもよくわかる。だが、こんなに暗く、遠くては。

魂　暗くありません。よく見るのです！
（彼女は輝きはじめた真珠を手にしている。）

ヨナ　私は今どこにいるのだ！　私たちはどこに？

魂　腹の中。鯨の中。
最も安全な場所。

ヨナ　鯨の中だと？　理解できん。私は死んでいるのか、まだ生きているのか？

魂　死んで、まだ生きている。
貴方は前よりもずっと人間らしく生きている。

ヨナ　そんなことまで知っているとは、君は一体誰なんだ？

魂　私はそれをただ感じただけなのです。
いつも私は貴方を知っている。

ヨナ　いつもだって？　君は私をどのくらいの間知っているというのだ？

魂　貴方のいる所にいつもいる。
私は貴方の中の声、魂。

ヨナ　私の魂だと？　だが君は私の前にいる。私には君が見えるし、声も聞いているんだぞ！

魂　そうでしょうか？　独り言を言う時、貴方は自分と話す。
おのれを知るとは、自分にたずねること。

ヨナ　君はその問いを知っていて、私に答えられるというのか？

魂　そのままただ返したり、他のものに結び付けて、あたらしい響きを与え、
またはそれを演じてみせる。
あるいは問いかけ、そこから新しいものを生みだす。
私の望みは芸術で深く人の心に入り込むこと。
貴方と私は同じことをしている。

ヨナ　私の中に君はいるのか？

魂　私は貴方の芸術に誠実さを与えます。
そうできるのは貴方が誠実だから。
自分を貴方は見失わず、それればかりか、私を護ってくれた。

ヨナ　そんなことがあるものか。私は君を護ったことなどない。今まで君を知らなかったのだから！

魂　私はいつでも貴方と共にいます。
いろいろな商売や司教の申し出をきっぱり断ったときも、
あるいは死ぬことも恐れず、一人でここで私といる時も。
ここはこの世の果て、世界の終わり。これで全てです、貴方に示すことができるのは。
わかっています、貴方からの親切は。
いずれ貴方は大いに報われることでしょう。アー……（ヴォカリーズで歌う。）

ヨナ　君はすばらしい！　来て、私にキスをさせてくれ。

魂　駄目です！　それは自分を愛することだから。私は貴方の一部だからです。自分しか愛さないこと、これが世界を滅ぼすのです。

ヨナ　しかし、君は女性じゃないか。とても、美しく、女らしいじゃないか。

魂　女らしさは、こうして魂として現れることもできるのです。私によって、あなたは聖なるもの、すばらしいものを体験するのであり、他の魂や自然と交流することができるのです。私がいなければ、貴方は完全ではない。私は女性であるばかりでなく、女らしさそのもの、永遠の女らしさなのです！

ヨナ　「永遠の女らしさ」か。実に魅力的だ。ならば、私が永遠の男らしさを示すなら、私たちは二人とも…

魂　「永遠の男らしさ」というものはないのです。そんなものは今まで聞いたことがありません。「男らしさ」というのは、私がいなければたいてい独りよがりで傲慢なものになってしまいます。私によって完成させられることが、貴方には最善のことなのです。貴方自身の中に私を見出して下さい。私を感じて下さい。それが深ければ深いほど、貴方は誠実になれるでしょう。

魂、ヨナ　いつも、人から求めたり、奪うのではなく、自分を開くのだ。開くからこそむしろ与えられる。
魂　貴方は私を受け入れ、私の声を聞く。
ヨナ　貴方の声を聞く。
魂　私によって貴方は救われる。
ヨナ　救われる。
魂、ヨナ　この世の争いから解放される。
ヨ　ナ　私の元を離れないでくれ。これらのことをもっとよく理解できるように。
魂　貴方はそれをとっくに理解しています。私は貴方の一部なのだから。
ヨナ　私はそれをこの頭でもっと理解しなければならない。
魂　用心して下さい！　貴方は頭で理解することを最高の尺度にしてはなりません。私を求めるのです。私を通して貴方を求めるのです。そうすれば、貴方はさらに深い洞察を得るでしょう。
ヨナ　ああ、どうすれば一切を学ぶことができるだろう。どうやったら心の底から満足できるのだろう。早く紙と鉛筆、それから楽器を私に持って来てくれ。君やここにある全てを音楽にして奏でよう。

（二人は鯨の内部へと戻る。舞台はこの場が始まった時のように再び真っ暗になる。クラージヒトが彼女の装置を持って姿を現す。）

クラージヒト　やった！　ついにメーターが振れたわ。彼は生きていて、ここの近くにいるわ。

（クラージヒトが鯨の反対側に近寄ると、突然「鯨ホテル」という表札の付いたドアが照らし出される。彼女が呼び鈴を何度も鳴らすと、ヨナがドアを開ける。）

ヨナ　駄目だ！　貴方がここに？　駄目だ！　このすばらしい場所に貴方は困る！

（ヨナは死に物狂いでクラージヒトの脇を過ぎて戸外へと走るが、気を失い倒れる。彼女は途方に暮れ、呼び鈴を鳴らし叫ぶ。）

クラージヒト　このホテルにお医者はおられませんか？　ここに急患の人がいます！

（クラージヒトは助けを求めて右往左往し、しばらく舞台を離れる。その間に魂がやって来てヨナの面倒をみる。彼女が戻ってくると、風変わりな女性を発見する。）

クラージヒト　貴女は誰ですか？

魂　私はこの人の魂です。

クラージヒト　私、魂を見つけたわ！　ついにやったわ！
世界中を探し回ったわ！　実験と研究に明け暮れたわ。
でも今まで一体何をやっていたのだろう！
ついに私はヨナを見つけた。そして、やっとこの洞窟に辿り着いた。
さらに、あるものを見つけ記録した。
何とそれは、ヨナの女性の姿をした魂！
これは最高に神聖な物ではないのか。
これを神はひそかに隠し、決して誰にも見せなかった。
やっと、この発見で、全てがうまくいくのだ。
クローン人間を作るくらい、わけないこと。
人の頭の中身だって、コピーできる。
他の動物たちと同じように確実にでき、簡単だ。
科学の材料はたくさんある。羊、人間、猿、全く同じ。
だが、たとえ何千人もの新しいヨナを作ることができても、
まだ、ひとつ秘密が残っていたのだ。
今や我々は、完璧な人間を作る。本当にこれは確かなのだ。

最高の頭脳と最高の種族！　こうでなければならない。
我々によって神のわざが完成する！　貴女は進歩の扉を開ける鍵！
ここにボーイはいないの？　シャンペンで乾杯しよう！
さあ、科学の勝利を我々は祝おう。
今日は特別な日よ。さあ、祝って下さい、この私を！
（クラージヒトが有頂天になればなるほど、魂は不安に駆られる。）

魂　彼女の考えはとても危険だ。
感じるのは、果てしない恐れ。果てしない恐れ。
私を詮索すれば、それは私を滅ぼす。
そして、ヨナも私と共に滅びる。
単に知ることだけで満足すれば、魂は死んで、不幸が待っている。
もう、何も感じない。疲れ果ててしまった。ああ、死にそう。
もう、駄目だ。もう、駄目だ。
（魂はくずおれ、動かなくなる。ヨナは目覚める。）

ヨナ　すばらしい夢だった。
私を捨てた人々が、後でそのことを反省しているのだ。

自惚れと欲望は静まり、少しずつ知恵に変わるのだ。

この町が危ない、やがて滅びると私が言うと、
驚くことに、皆が話を聞き、私を理解した。

聴いたこともない音楽が流れ出すと、
人は皆自らの罪を深く、心から懺悔し、改心した。

そして、その真ん中に君がいたんだ。

（魂に）優しく愛に満ちた魂が。

人に力と命を与える魂が。

静寂が訪れ、知性と感覚は互いに手を取る。仲の良い兄弟のように。

（ヨナは魂を立ち上がらせる。ヨナが彼の夢について語っている間、魂が話す際に既に動揺していたクラージヒトは外面的にも変化する。身につけていたアンテナと装置を取り去り、本当に今や女性となる。）

ヨナ　貴女は、これまでただ科学、冷たい知性に、そして賢さに頼ってきたが、
今や瞳は輝き、もう私を苦しめない。

もはやあなたには苦しみも不安もない。

生きていることに感謝をしよう！

クラージヒト　これは夢ではなかった。現実なのだ！　生まれ変わり、新しい道を求めよう。今まで科学のことしか考えなかった私が、あたかも眠りから覚めたかのように感じる。すばらしい男性によって目覚めさせられ、私は自分の中に女性を発見したのだ。

私は、あくせくと何年も心を捨てて、研究だけに明け暮れた。
人間というものを、まるで私はわかっていなかった。そしてまたこの人をも。
私に魂について教えてくれたこの人をも！

魂、クラージヒト、ヨナ　静寂、果てしない静寂。
目覚めて耳を澄ませば、心を鎮める響き。
ついに辿り着いたのだ、世の終わりに。
聞こえるのは自然の息吹き。感じるのは、生命の脈動。
瞬間は終わらない。はかなさも永遠の歌に形を変える。
鯨の腹の中で、すなわち母の子宮の中で、新たに生まれ、心と耳を開く。
今、新しい命が与えられた。
荘厳な歌が流れ出し、体のすみずみに満ちる。

これは理解を超えた物の勝利。この響きは既に成し遂げられた印。
我々は辿り着いたのだ。
もはや求めずに、ただいるだけ。
与えられ、受け入れる。

ヨナ　（気力と情熱に溢れて）そうだ！　これなのだ。与えられ、受け入れる！　そうするのが私の詩作であり、作曲なのだ。愛し、与えられ、受け入れる。これが…（女性たちに向かって）永遠の女らしさだ。素晴らしい…今それがわかったぞ！　私はニネヴェに行く！　街頭で知らせるのだ、この町があと四十日で滅びることを、そして、それは人々の自業自得であるということを。

クラージヒト　お待ちなさい！　貴方は夢を見ただけでは済まなくなるのです。現実と向き合わねばならない。お気を付けなさい。人に説教をするなら、貴方は石を投げつけられたり、嘲笑されたりするでしょう。人間というものは良くはならないのです！

ヨナ　それはそうだ。警告なんてものには大衆は上の空さ。贅沢三昧の生活で感覚が麻痺しているからな。私たちを思慮深く、賢明にさせてくれるこの鯨ですら、人の利益のため、殺され、食べられてしまう。人間をよくするのは誰にもできない。私などそれには一番不向きの人間だ。しかし、彼らには言わねばならない。所有欲が我々の町を滅ぼすのだ、と。あと四十日だ！　死ぬことが避けられないとしても、それが無意味とは限らないということを、皆が知らなければならないのだ！

第５場　ニネヴェの中央広場にて

（あらすじ）舞台は変わって、ニネヴェの中央広場。目前に迫る世界の滅亡を知らず、人々は商売に夢中である。体を鍛える健康マシンをはじめ、いろいろなものを売りつけようとする人がひしめいている。最初の人間であるアダムとエヴァも、どさくさに紛れて怪しげな商人として登場、食べると知恵がつくというリンゴや、武器を買って戦争することを人々に勧める。そこに海から戻ったヨナと博士が登場し、世界の滅亡の危機を人々に説くが、逆に内務大臣によって逮捕され、連行されるのだった。

（歩行者天国で市場が賑わっている。大勢の商人が客を呼び込んでいる。）

商人１　（キン肉マンの恰好で）もし筋肉を鍛えれば、あなたは倍長生きする。
この機械でたるんだ筋肉を引き締めましょう。
垂れて下がったお腹もです。

ズボンからはち切れそうなお尻もです。
この機械は本当に鋼のような体を作ります。
ライバルたちとの競争にも、あなたは楽勝ですね。
さあ、いかがでしょうか！　お求め下さい！
さあ、いらっしゃい！

酒屋　この「オーバーベルク」は、あなたを夢のような気持にさせ、浮世を忘れさせてくれるでしょう。一箱いかがでしょうか？

（アダムとエヴァが登場。赤い実のたくさんなったリンゴの木を持っている。多くの通行人の参加を得て、人目につく通りの角に木を植える。ファンファーレがたびたび鳴り響いた後、彼らは歌う。）

アダムとエヴァ　私たちは思い出すのです、あの全ての運命を変える木のことを。
民衆　あのリンゴの木のことを。
アダムとエヴァ　アダムとエヴァ。
民衆　アダムとエヴァ。
アダムとエヴァ　最初に二人が罪を犯した時、この世は始まった。

民衆　最初に二人が罪を犯した時、この世は始まった。
アダムとエヴァ　そしてリンゴは罪の象徴となった。
エヴァ　リンゴを食べるのは禁じられていたが、
アダム　禁じられるとますます欲しくなる。
民衆　欲しくなる。
アダム　リンゴを盗んで人は神を怒らせ、
エヴァ　楽園から追放されてしまった。
アダム　しかしその代わりに、知識を得た。
エヴァ　それは天国よりずっと良かった。
民衆　天国より良かった。
アダム　だから私たちは全人類のため、特に
エヴァ　あなたたちに勧めたい。
アダム　この魔法のリンゴを。オレンジのように甘い
アダムとエヴァ　品種「イェホバ」。
民衆（女性）　刺激的な味は
民衆（男性）　まさに天国。

アダムとエヴァ　一つ千五百円！　人の究極の望みがかなう。
アダムとエヴァ、民衆　知識が、能力が、そして幸福が。
アダムとエヴァ　善悪の違いを見分けられる。そう、選ぶのはまさしくあなた。
　選べば幸福はあなたのもの。
民衆　幸福はあなたのもの。
アダムとエヴァ　今や知識は、誰でも手に入る。知ることはすなわち買うことだ。
民衆　知ることは、買うことだ。
アダムとエヴァ　エデンの園に生えているリンゴも買えるんです。特別価格で！
民衆　エデンの園のリンゴが、特別価格！
商人2　さあ、いらっしゃい！　どんな人でも変わる。元気で若くて美しく、私のように。
女性四人組　元気で若くて美しく。
民衆　元気で若くて美しく。
女性四人組　自由にお試し下さい。このプログラムは、そう、「ビューティーヤング」！
民衆　そう、「ビューティーヤング」！
商人2　神様だって忙しい。いつも助けてくれる訳ではない。

みっともないものは、なかったことにして、見えないように完全に隠してしまおう。
たるんだバスト、曲がった鼻。いつもセレブでいましょう。

女性四人組　セレブでいましょう。
商人２　ＡＩでチェックしましょう。
女性四人組　ボロボロに疲れ切った体も美と元気を取り戻す。
商人２　または新しくする。
女性四人組　神経や内臓も同様です。
商人２　生まれ変わりませんか？
商人２、女性四人組　さあ、ここにサインをどうぞ！
商人２　代わりの部品はいっぱいある。
女性四人組　輸入した皮膚もあります！
商人２　一生もつ高い品質！
女性四人組　もしも今日お支払いいただけるなら、
商人２　明日から貴女は光り輝くのです。
女性四人組　光り輝くのです。
商人２　いつまでも若く健康で美しく！

民衆　いつまでも若く健康で美しく！
女性四人組　ビューティーヤングはお勧めです。
商人２　この絶世の美女たちをどうぞご覧下さい！
　この世はバラ色ビューティーヤング！
民衆　ビューティーヤング！
商人２　心からお勧めいたします。
女性四人組　健康で美しく。
民衆　さあ、ビューティーヤング！
商人２　一生若くいられます。
女性四人組、**民衆**　はい、ビューティーヤング！
商人２　もっとセクシー、やる気満々！
女性四人組　効果は二百年続きます！
女性四人組、**民衆**　ビューティーヤング！
女性２　私、昔醜くて、
女性１　上司からは軽く見られました。
女性４　しかし、ビューティーヤングによって、

女性3　人から羨まれるくらいの
女性四人組、民衆　美しさを
女性四人組　手に入れると、上司の態度はがらっと変わりました。
商人2　この世はバラ色ビューティーヤング、心よりお勧めいたします。
女性四人組　健康で美しく。さあ、ビューティーヤング！
商人2　一生若くいられます。
女性四人組　はい、ビューティーヤング！
商人2　もっとセクシーやる気満々、
女性四人組　効果は二百年続きます！
商人、女性四人組、民衆　ビューティーヤング！
（感動─歓呼、皆はパンフレットに群がる。女性四人組は宇宙服を着た四人組に交代する。）
宇宙飛行士四人組　ピュー！　飛び出そう！　飛び出そう！
すぐにでもこの世から、すぐに滅びるこの世から飛び出しましょう！
ロケットに乗って旅をしましょう、月や木星へと！
予約しましょう、宇宙旅行を！

そして星々をつかみましょう！　彗星のように飛びましょう！
そうしたら地球での生活なんてさっぱり忘れてしまう！
月の裏側に住みましょう。月に住むのがおすすめです。
今、お支払いを。すぐお連れします、宇宙ホテルへ。このホテル、大人気です。
ピュー、月旅行！　楽々とポーンとジャンプして、ピュー、月旅行！
人が何と言おうとも。宇宙旅行ができるんですよ。
クーラーやベッドも、全て積んでいきます！
テレビももちろん存分にどうぞ楽しんで！
ホットなニュースも、月のスタジオから届けます。
ホテルはクレーターの上、まるで神様の気分！　そこは天国です！
しかしその前に、ピュー、月旅行！
楽々とポーンとジャンプして、ピュー、月旅行！
人が何と言おうとも。人が笑っても、笑っても！　買って下さい！　笑っても！
（優越の軽蔑的な笑い）月旅行、ほんとにすごいでしょ。
（宇宙飛行士がゴムひもなどのテクニックを使って舞台で飛び跳ねる。）

薬屋　もし、まだ不安なようなら、この薬を飲んで下さい。そうすれば気分は月よりも高くなり、月旅行のために、たくさんお金を貯めることができるでしょう。

（色々な商人が呼び込みを繰り返す。アダムとエヴァがたくさん勲章の付いた軍服姿で登場するが、虚しい自己満足に浸っている。）

アダムとエヴァ　今では何が良くて何が悪いのかを知っている。
私たちははるか昔、知恵の木から教えられた。
その時見えたのは、自分の裸だけではなかった。
すなわち二人は賢くなった。
それを神は悲しんだが、この世の流れは変わらない。

アダム　良いことは脅かされ、
エヴァ　そして、悪は勝ち誇る。
アダム　多くの国は、
エヴァ　悪にまみれ、
アダムとエヴァ　だからこそ今、清めるのだ。
アダム　それには新しい武器を持たねば、

エヴァ　皆さんからお金を集めなければ。
アダムとエヴァ　皆さんからのお金で武器が買える。
エヴァ　どうか、寄付を。
アダム　新しい武器を買いましょう！
アダムとエヴァ　断固たる世界戦略こそが皆さんに利益をもたらすでしょう。
民衆　断固たる世界戦略が利益をもたらす。
アダムとエヴァ　悪いことだってしよう、
民衆　良いことのためには。
アダムとエヴァ　戦わねば、
民衆　善が勝つまで。
エヴァ　戦わなければ戦争もなくならない。
アダム　戦争をなくすものはただ一つ、戦争！
民衆　ただ一つ、戦争！
アダム　時間を無駄にすることなかれ、
民衆　時間を無駄にするな、
アダムとエヴァ　この世から一切の悪いものを追い出せ！

民衆　悪いものを追い出せ！

アダムとエヴァ　最後に残ったものが良いものだ。

民衆　残ったものが良いものだ。良いものだ！

（ヨナは客席の自分の席から立ち上がり、舞台へと登場する。クラージヒトもその後を追う。）

薬屋　おい、どいてやりなよ。それにしてもひでえ恰好だなあ。まず間違いなく、彼はコメディアンだ。

酒屋　へえ、お前、何か商売したいんだろう。だったら笑うんだな。いつも笑っていられなきゃな。

商人１　こら、青二才、何やってるんだ。最初の三分で客を味方につけられないんじゃ、駄目なんだよ。冗談はやめてくれ。

（取り巻きの何人かが笑う。しかし、他の人はヨナを受け入れ、彼が何を話すのか固唾を呑んで待ち受けていて、周りに静粛をうながす。ヨナはそれには反応しない。彼は黙って寄る辺なく舞台の中央に立ち尽くしている。静寂がほとんど耐え難くなったところで、彼は重苦しく話し出す。）

ヨナ　あと四十日で、この町は滅びるでしょう。

ヤジを飛ばす人　おい、もっとましなことを言えないなら、もう出て行ってくれないか。

滅びを説く予言者は、ここでは八百屋より多いんだ。

酒屋　この世界がすぐにでも滅びるというのなら、その前に愉快に過ごさせてくれ。この「オーバーベルク」でもたらふく飲めば、この世が滅んだって平気さ。

（数人がまた笑おうとするが、大多数は動揺してヨナの方に近づいていく。皆が固唾を飲んで見守る中、ヨナは繰り返す。）

ヨナ　あと四十日、この町が滅びるまで。

（今や冗談を言う者も沈黙する。皆は感動する。内務大臣が警察護衛に伴われて登場）

内務大臣　いったいどうしたのですか。何が起こったというのです。この人たちは何ですか。彼らはトランス状態に陥っている！　皆が精神を病んでいる！　人を感化したり支配したりする権利は誰にもありません。国家権力でなければ、そんなことはできない。あなたはどなたですか。あなたの名は？

クラージヒト　この人の名はヨナです。

（人々はどよめく。何度も「ヨナ」「あれがヨナだ」「ヨナさん」というささやきが聞こえてくる。）

内務大臣　あなたを私も知っているだって？　そんなことがあるものか。

（警察護衛に）この疑わしいヨナを逮捕しろ！　彼女もだ！　この男と一緒にいた。これは陰謀だ！　しかし、そんなものは私が根こそぎ暴いてやる！

（ヨナとクラージヒトは無抵抗で逮捕される。二人は手錠で繋がれ、連行される。人々は彼らの後を追う。）

第6場　再び市庁舎にて

（あらすじ）舞台は最初と同じニネヴェの議会。大臣たちの横暴は相変わらずで、議会を傍聴する市民たちのヤジを浴びる。
そこに、逮捕されたヨナと博士が内務大臣によって連行されてくる。ヨナは人々に迫り来る町の滅亡を告げるが、徐々に皆がそれに耳を傾け、悔いあらためる言葉を唱え始める。しかし、そんなに早く、皆が悔いあらためてしまうことにヨナは納得できない。近くの山から町の本当の運命を見届けようと、ひとりニネヴェを後にするのだった。

財務大臣　金が全て。
経済大臣　稼ぐんだ。
文化・防衛大臣　賢くやれ。
経済大臣　無駄を無くすんだ。
財務大臣　金が全て。

経済大臣　労働者どもの賃金はなるべく下げるんだ。

文化・防衛大臣　芸術家を見張れ、考える暇を与えるな。財政は危機に瀕している。

財務大臣　うまくやったんだ！　ちょっとあるテクニックで金を倍にして蓄えたんだ。でもそれもすぐに無くなってしまった。

環境大臣　環境の状態は酷いものだ。それにしても私に一体何ができよう。

（他の大臣たちとギャラリーから抗議のヤジ）

経済大臣　労働組合は俺たちには邪魔だ。環境問題も面倒くさい。うるさい奴らを黙らせれば景気は良くなるだろう。望みはこれだ。怠け者はとにかく我々を裏切るものだ。

（最上階、皮肉っぽく笑う。）

財務大臣　彼らは何もできやしない！　金が全て！　大事なのは金！

環境大臣　この仕事に就いて以来、自然はみごとに生き返った。悪い物質はなるべく減らして森を綺麗にしよう。（意地の悪い微かな歌声と笑いが最上階に起こる。議員たちは相変わらず。）その値打ちは今や昔の十倍にもなっています。こんなに良いことをすれば、もっと感謝されるべきです。

（あざけりの声はだんだん強くなる。）

文化・防衛大臣　生活の辛さを嘆くのではなく、新たに文化を今打ち建てたい。

（議員たちは激しい反対を表明する。）

民衆　いつも同じ、何も起こらぬ。

文化・防衛大臣　オペラや演劇のことだけでなく、文化というものをさらに拡げたいのだ。

民衆　おしゃべり、嘘つきめ、人を煙に巻き、法螺を吹いて身勝手傲慢。おめでたく何も学ばず、嘘の世界に生きている。

文化・防衛大臣　敵は我々を苦しめ、窮地に陥れるだろう。しかし彼らは神の裁きによって滅びるでしょう。

民衆　もうおしまいさ、

文化・防衛大臣　裁きによって滅びるでしょう。

民衆　もうお終いさ、もうお終いさ、もうお終いさ。

（舞台の人々は徐々に沈黙する。内務大臣が、ヨナ、クラージヒト、数人の警察官と共に登場。）

内務大臣　皆さん、遅くなってすみません。議事の進行を中断させてしまいました。が、この町の運命が大変なことになっています。何とかしないといけません。

ジャーナリスト　この町がどうしたと。本当に危機が迫っているのですか。

（客席、特に最上階で興奮したつぶやきが起こる。市長は鐘を鳴らす。）

市長　皆さん、どうかご静粛に！　議会には敬意を払ってください！　内務大臣、どうぞお話しを。

内務大臣　（市長に）ありがとうございます！

市長、そして尊敬する紳士淑女の皆さん！

まず申し上げますが、私は昨日この町を大混乱から守りました。

そして二人の危険な人物を逮捕することに成功しました。彼らはここニネヴェで町が滅びるという考えを広めていました。そして、最も悪いことには、彼らはそれを直接人々に説いたのです！　昨日、中央広場で起こったことは、集団的な洗脳としか言いようのないものでした！　この人は自らを予言者とし、女性科学者にそそのかされて、この町が滅びると宣言したのです！

皆さん、確かにそう聞きましたね。私たちの町が滅びると。活気ある生命に満ち、絶え間なく経済発展を遂げており、その繁栄も厳しい法律によってきちんと制御されている、この町が滅びるというのでしょうか。

私たちが政権の座にある限り、そんなことは断じてあり得ません。

市長　では、本題に入ってください！

内務大臣　もう既に入っています。ヨナさん、そしてクラージヒト博士！　この中央に立ってください。

（客席からはざわめき、つぶやきが起こり、それは「ヨナ！　ヨナ！　ヨナ！」というシュプレヒコールへと高まる。二人が入場。）

市長　（鐘を手に）客席の騒ぎが収まらないなら、全員をここから退場させますぞ！

（いくらか静かになるが、民衆のつぶやきは密かに続く。）

内務大臣　私はヨナさんに求めます。ここで、すなわち大臣、市長、そして人々の前で、あなたが昨日、中央広場で言ったことを、もう一度繰り返していただきたい。

ヨナ　（黙っている）

内務大臣　聞こえませんか？

ヨナ　（黙っている）

市長　ヨナさん！　昨日のあなたの発言をここで繰り返すのです。

ヨナ　（黙っている）

クラージヒト　（ヨナに）話してちょうだい、お願い！

ヨナ　これで驚いているなら、本当におめでたい。
世界の危機を説く者は、侮辱され、追放される。
しかし、災いは止まず、もはや人は災いを見ても知らんぷり、そして呑気に過ごす。
なにを彼らに言っても馬の耳に念仏！
誰が聞くだろう、段々と迫って来る大変な危機のことを！
四十日でこの町は滅びる！

内務大臣　いや、断じてない！　彼は不安を煽りたいのだ。
財務大臣　どうやって私たちはこの豊かさを維持し、
経済大臣　そして支配を続けようか。
市長　滅亡の噂は、市民には有害だ！
市長と大臣全員　私たちの方針は変わらない！　市民にもっとよく説明するのだ！
（次々としゃべりはじめる。各々が別のテンポで。場合によっては反復をする。）
内務大臣　滅亡を説く者は、捕らえて追放しろ！
環境、経済、財務大臣、市長　捕らえて、追放するんだ！

民衆　あなたたちは権力を独占し、うぬぼれている。
目の前の危険には気づかないのに、他人の弱点となるととても敏感。よく気付く。
そんな彼らの思い上がりのため、この町は滅ぶのだ。
世界が全部滅びる時も、彼等の心配は、自分のことばかり！
大臣全員　この路線は変わらない。しっかり守り抜くぞ！
民衆　自分の欠点には気づかない。
ヨナ　何たる茶番だ。
大臣全員　不安を煽るな
ヨナ　エゴイストだみんな
大臣全員　この時を楽しもう
ヨナ　あと四十日、さんざん争い、さんざん嘘をつき、ついに滅びるのだ。
大臣全員　なんとしても奪うんだ！
民衆　鈍感で傲慢。
大臣全員　無茶苦茶な猿芝居。（あざけるような笑い）
民衆　ニネヴェは滅びるだろう！（絶望の笑い）

ヨナ　（問いかけるように）ハ、ハ、ハ。（こだまが響く）ハ、ハ、ハ。
クラージヒト　（驚いて）ハ、ハ、ハ。
（ヨナは招くように指揮をする。この後、様々な笑いを舞台の全員が表現し、高揚する。）
大臣たち　ヘ、ヘ、ヘ。
民衆　ヒ、ヒ、ヒ。
大臣たち　ヒェ、ヒェ、ヒェ。
民衆　ホ、ホ、ホ。
…………
大臣たち　笑ってしまえ！
民衆　笑え、笑え！
市長　大変なことはいっぱいある。でも笑ってしまえ、笑ってしまえ。
文化・防衛大臣　笑ってしまえ。
ヨナ　滑稽なのは自分だろ。
文化・防衛大臣　笑ったことのない人は滑稽だ。
（笑いは乱れていく。）
民衆　泣いて笑うんだ。

クラージヒト　まったく笑いすぎると涙が出る。

大臣たち　笑いすぎると泣けてくる。

民衆、大臣たち　泣けてくる。泣きましょう。泣きましょう。

ヨナ　笑え泣け四十日間。自分自身とその滅亡を。

民衆、大臣たち　（すすり泣いて）四十日間。

クラージヒト　感じられない人はわからない。泣けない人はいかに危険が迫っていても、
　気づかない。

（不安に満ちた笑い）

民衆、大臣たち　危険が迫っていても。

ヨナ　見えなければ滅びる。

民衆、大臣たち　見えなければ滅びる。

（いろいろなニュアンスで笑う）

全員　見上げよ、明るい方を、さあ！

争いを止め、立ち上がるのだ！

欲望は人をさらに不幸にするだけ。

しかし愛は続く、たとえ世界が滅びても。

（笑いは何度も反復され、最高潮に達するが、その後は徐々に静かになり、舞台は真っ暗になっていき、ヨナだけが長い間、照らし出される。それも暗闇に包まれると、少しずつ舞台は明るくなっていく。全ての人は贖罪の衣をまとう。）

一人の女　私は聴く。
一人の男　私は見る。
一人の男　私は見る、暗闇の中で。
一人の女　私は聴く、静寂の中で。
一人の男　私は見る、新しい道を照らす明るい光を。
一人の女　響きが聴こえる、私を高める響きが。
一人の女　私を高める響き。
一人の男　私の奥深くにある命を。
全員　人より多くの利益や快楽を求める際限のない欲望は、
今やこの町と人々を堕落させた。
警告は顧みられなかった。

一人の女　私にはわからなかった、
一人の女　自分が悪いということが。
（一頭の牛が連れてこられ、首に袋をかけられる。）
全員　自分が悪いということが。
この世界を、自分は壊していた。
今、私は見る、そして聴いている。
この静寂と暗闇から生まれるのは謙虚、和解、そして感謝。

（普通の服を着たヨナがいるのがわかる。彼は控えめに笑い出し、それから度を失ったように大笑いする。）

市長　（ヨナに）どうして笑うのです。
ヨナ　これは笑いではない。私は自暴自棄になっているんだ。全ての人がこんなに早く改心するなんて、信じられない！　もう朝だ。いつも通りの生活が始まれば、夢は消え去るのだ。

全員　私は見る、暗闇で。
私は聴く、静寂で。
そして罪を知る。
市長　聞きなさい。
全ての人は心から悔いあらためよ！

市長　王からの布告。一人の例外もなく、全ての人は深く悔い改めなければならない。
(ヨナに) 私たちはあなたの言葉を信じています。私たちを助けて下さい。
全員　助けて下さい。
市長　私たちを導いて下さい。
全員　導いて下さい。
ヨナ　導くだって？　私が導く？　それはありえない。芸術や夢が実現し、感情や愛情が、我々の考えることを支配しているなら、どんなにすばらしいことだろう。しかし、今のニネヴェではそれは考えられない。私はここを去ります。二回目です。世の果てに向かってです。見渡してみて下さい。ここでは誰もが罪を犯しましたが、全員が悔い改め、新たな生活を送るという。それができるなら新たな指導者に頼る必要なんかありません。おとぎ話も現実のものになるかもしれません。しかし、皆さんの改心は本当に心底からそう思ってのことなのですか。私には信じられません。確証がまだありません。人の心はそう簡単には変わらないのです。

ヨナ　あと四十日！
全員　あと四十日！
ヨナ　滅びの日まで。
クラージヒト　見えないほうがよい、見ると不安になる。
全員　わたしたちは希望を最後まで捨てない。
市長　おそらく神は思い留まってくれるだろう。
全員　おそらく神は思い留まってくれるだろう。
女　滅亡！　滅亡！
市長と大臣たち　神はこの町を滅ぼさないだろう。
全員　私たちが、本当に悔い改めれば。
エヴァ　（大声で叫ぶ）アダム！　どこにいるの？　私たちは救われたのよ！　宇宙ホテル

にツイン・ルームを取ったわ！
アダム　でかしたぞ、さすが俺の天使だ！　しかしどうやってそんな大金を手に入れたんだ？
女性全員　（涙声で）あと四十日、あと四十日、あと四十日……
商人２　ビューティーヤングがあなたのお世話をします。そして、保険に入ることもお勧めいたします。（誰も彼のことを聞いていない。）
男性全員　四十日後に新たな始まりが、四十日後に新たな始まりが……
女性全員　やめてしまおう。成功や金や快楽を求めすぎるのは。
人の欲望が大きいほど、彼の失うものも大きい。
愚かな人よ、ああ、
全員　その日が来るのは、今日か、明日か、一体いつだ。
神の警告を私は無視してきた。
信じられなかったのだ、それが私のせいであることを。

私は悔やむ、私は悔やむ…

（ヨナは自分の内面の声である歌を聴く。たまらなくなって彼は出口の方に行く。）

ヨナ　私は山へ行く。
何が起こるかを、人間が何をするのかを見届けよう。
新たに書き、新たに感じよう。
全てのものや人を、そして私たち自身を問い直すのだ。
理解を超えたものを信じ、実現し、魂を新たに体験しよう。
もう力で奪おうとしてはならない。
ただ、共感し愛するのだ。

滅亡の危機はニネヴェの町だけに及んでいるのではありません。
今や、この世のあらゆる所がニネヴェなのです。

（幕）

おわりに　テーリヒェンが遺したメッセージと現代

野口剛夫

テーリヒェンとはイエナでのフルトヴェングラー・ターゲ（一九九七～二〇〇六）では何度も会ったり話をしたが、ベルリンの彼の家に二度ほど滞在した時には、様々のことについてもっと詳しい意見交換をしたり、教えを受けたりすることができた。

テーリヒェン宅はベルリン市の南西部の郊外ツェーレンドルフ区にある。たくさんの湖と深い森に囲まれた自然豊かな地区で、彼は精神科医のクリスタ夫人と静かな老後を過ごしていた。

冬の寒い夜に訪問したこともあったが、到着の遅れた私をテーリヒェンは門の前で待ってくれていた。早速に夕食となったが、雪がぱらつくような相当な寒さのため、私の身体は氷のように冷え切っていた。正直、熱いスープでも飲みたかったが、テーリヒェンは上機嫌で冷たいビールを飲みパンをかじっていた。彼はドイツ人にしては小柄な人であり、自分で話しながら涙ぐんでしまったり、むしろ女性的ともいえる面があるのだが、その根底にはすさまじいエネルギーがあるのを感じる。凍り付くような夜空の空気の下、自分の体格とさして変わらない大きな黒い犬（名はオスカー）を連れ出したテーリヒェン、夫人そして私で、自宅を囲む地区一帯を話しながら散歩をしたのも懐かしい思い出である。

やはり日本人の私としては、ベルリン・フィルには数多く客演したはずの小澤征爾への評価を聞いておこうと思った。彼の答えはこうだった。「オザワは良い指揮者だ。嬉しい音楽は嬉しく、悲しい音楽は悲しく演奏できた。しかし、フルトヴェングラーは違っていた。彼は右手で喜びを、同時に左手で悲しみを表現することができたんだ」。音楽家に関する話には必ずと言ってよいほど、フルトヴェングラーの思い出も付いてくる。

むしろテーリヒェンが賛辞を惜しまなかった日本の指揮者は朝比奈隆であった。朝比奈が戦後ベルリン・フィルに客演した時、テーリヒェンはティンパニーを演奏していたのだ。なるほど、と私は思った。小澤の演奏は確かに優れていて、音楽を味わうには申し分ない指揮者なのだろう。しかし、私がフルトヴェングラーについて格別の関心を抱き、今こうしてテーリヒェンという、フルトヴェングラーの語り部のような人を訪ねているのはなぜか。それはフルトヴェングラーの演奏には優れた音楽だけなく、言わば人生そのものを感じさせる何かがあると思っているからだ。そのような音楽には人の人生を変えてしまうくらいの力がある。フルトヴェングラーと朝比奈もまた違う個性を持った音楽家であろうが、その音楽がたんなる上手で見事という形容では収まらない、もっと別の総合的な何か、言ってみればその人の音楽への思い、音楽への没入が音になって表れているということに、二人の共通項があるのではないかと私は思う。

比較と没入は真逆の行為だ、というような意味の言葉をフルトヴェングラーはその手記に書き残している。比較は覚めた知性の仕業であり、それはAよりもBの演奏が優れている、上手だ、見事だ、という客観的な判断を私たちに行わせるが、そこからはせいぜい感心というものしか生まれない。しかし、没入からは感動が生まれる。本当に感動している時、人は決して比較ができない。だからある音楽に没入し感動している時、刹那とはいえ私たちは比較を超えた絶対者、いわば神のようなものを体験しているとも言える。フルトヴェングラーの演奏とは、たとえそれが古い録音であったとしても、そういう体験を人に与える可能性を持っているのではないか。

テーリヒェンは自宅から近いポツダムの町に、車で私を連れて行ってくれたりもした。庭園とロココ風の建物が美しいサンスーシ宮殿、第二次世界大戦末期にポツダム会談が開かれたツェツィーリエンホーフ宮殿などを見物してから、ベルリンのそれとも似たブランデンブルク門のあるポツダム旧市街でお茶を飲む。彼の最後の作品となった音楽劇《あと四十日》はここで初演する予定であったとも聞く。なぜそれが不可能になってしまったのか、理由を彼は詳しくは語らなかった。私の勝手な憶測は、彼が著作で表明したカラヤン批判が劇場関係者の不興を買ったのではないかというものなのだが、その真偽はともかく、ポツダムでできなくなったからこそ東京が、そして私たち日本人がこの作品の初演の栄誉を担うことができた。それは悪いことではなかったのである。

日本人にテーリヒェンはベルリン・フィルの名ティンパニー奏者として、それ以上に、著作『フルトヴェングラーかカラヤンか』によって知られていた。彼のなした赤裸々なカラヤン批判こそが、テーリヒェンを日本で有名にしたのだ。しかし、なぜか彼の自宅の部屋にはカラヤンの肖像画が掛かっていた。テーリヒェン自身が描いたものらしい。その隣にはテーリヒェン自身が王冠をかぶり、ティンパニーを叩いている絵もあった。こういうものが無邪気に同居しているということは、もっぱら著作から彼を知っているつもりであった私には意外に思えた。

「あれほどカラヤンを批判し、ベルリン・フィルの在り方に危惧を覚えていた貴方は、どうして途中で楽団を辞めなかったのか」という私の問いに、彼は突然ぎゅっと顔をゆがめ、苦しそうに答えた。「私も辛かったのだ。ベルリン・フィルにいたおかげで受けた恩恵は大きかった。しかし、カラヤンへの批判は私の中でだんだんと形成されていったんだよ」。感情の起伏の激しい彼は、いつも何かの想念に取り付かれているように見えた。熱心に喋る彼の眼は潤んでいて、今にも涙が溢れてきそうだった。

テーリヒェンが言うように彼とカラヤンの関係は、最初から悪かったわけではない。むしろ、テーリヒェンは楽団の中心的な役目を担いカラヤンと交渉にあたることも多く、運営上の難題を解決したりし、マエストロからは一目置かれる存在であったはずだ。その生涯を通じてテーリヒェンは作曲家としても盛んに作品を発表しているが、一九六一年に初演されたピアノ協奏曲第一番は、カラヤンが初演のためにベルリン・フィルの指揮を買って出ている。

ベルリン・ヴァルトハウスの自宅でのテーリヒェンと野口。中央はクリスタ夫人（2003年）

その二人の関係が決定的にこじれるまでには、表面的には二つの大きなきっかけがあったと考えられる。その一つ目は一九七〇年、もう一人の首席ティンパニー奏者オズヴァルド・フォーグラーの入団である。彼の正確無比で精密な演奏は、良くも悪くもテーリヒェンの真逆であったが、それはカラヤンの理想とするティンパニー演奏であった。以来カラヤンはフォーグラーをあからさまに重用するようになる。これをテーリヒェンが面白くなく思っても無理はなかろう。

もう一つの事件は、一九七九年のロンドン演奏旅行中のことで、ブルックナーの第八交響曲の演奏でテーリヒェンが、あまりの大きな音量を要求されてカラヤンと折り合えず、結局楽器の周囲にアクリル板を立て、本人は耳栓を付けて演奏せざるをえなくなったというものである。それ以来、カラヤンの指揮する演奏会にテーリヒェンはほぼ登場しなくなった。

しかし、これら二つのきっかけだけでは、テーリヒェンのカラヤンへの思いはたんなる私憤の域を超えないということになる。私たちはテーリヒェンの二冊の著作、そして本書での叙述を注意深く読んでみなければならない。

フルトヴェングラー亡き後ベルリン・フィルに残り、カラヤンの下で演奏を続けたテーリヒェンが見たものは何だったのだろう。最高の音楽家とされている人たちが、音楽そのものに献身するのではなく、新しい価値観のもと、楽団の国際的な名声を高めるだけでなく、莫大な富を得る音楽ビジネスにも加担してきたことについて、彼は罪責感を正直に告白する。

全世界で崇拝されているわがマエストロ［カラヤン］ほど、自分の時代の精神を見きわめ、それを吸収してきた者はめったにいない。彼は人間が求めているものを、微細なところまで探知した。……

市場が、商人が芸術の禍福を決定すれば、それは芸術の生命力にきわめて深刻な影響を及ぼす。そしてこの点でわがマエストロは偉大だった。彼は音楽を売った。その売り方は名人芸だった。……

彼は自分自身すら愛さなかった。彼が愛したのは低俗な人間環境から抜きんでること、祀り上げられることだけだった。彼は自己の壮大さ、自己の成功を追い求めたが、それは愛すること、愛されることとは無縁なのだ。

（『警告』一六八〜九ページ）

今、表向きは音楽大国となった国で、巨大な音楽産業により豊かな恩恵を受けていると思っている私たちも、立ち止まって考えなければならない。本来、音楽は純粋な心の芸術である。しかし、私たちは長く、たくさんの音楽と関わることによって、徐々に誠実でなくなり、音楽を商売や政治の道具にしてしまう危険があるのではないか。ある程度能力があり経験を積んだ音楽家なら、音楽において効果を計算した巧みな演技をすることは容易である。それによって、真心はなくとも競争には勝ち残り、社会的な成功を収めることもできるだろう。一方、聴衆は音楽産業やマスコミの扇動に流されてしまいがちであり、精神的な冒険のない、行儀が良いだけの音響の美しさや、たんに刺激を与えるための作為的な音楽を、わけもわからず有難がることになる。

テーリヒェンの二冊目の著作は、わかりやすい対立項、たとえばフルトヴェングラーとカラヤンを対比して描くというようなことをしなかったため、はるかに世の中の反響は少なかった。しかし、この本では彼が最終的に到達した思想が端的に語られており、内容の濃さとしては一冊目をはるかに凌いでいると思える。

もう一つ、二冊目の著作の中で最も印象的かつショッキングである箇所を紹介しておこう。

オーケストラ奏者とソリストとしての私の数十年にわたる仕事のなかで、きわめて著名、かつきわめて珍奇な芸術家のキャラクター——指揮者とソロの歌手や楽器奏者——が私の目と耳の前に現れては去った。かれら自身と、政治、経済、科学の世界でのかれらの同類に興味をそそられて、私はかれらの顕著な性格特徴をくわしく観察し、いくつかのパターンにはめてみたくなった。

私の観察と思考の遊びには四つの像、というよりは一つのテーマの四つのヴァリエーションがある――すなわち「共感者」「作為者」「偽聖者」そして「貪婪者」。

（『警告』二一五〜六ページ）

テーリヒェンによると、これら四つの分類を大きく基本的な二つに絞れば、「共感者」と「作為者」となる。「共感者」は音楽を愛し共感しそのために自分を開くことができる者である。自己に沈潜して、自分の音、響きを追求することから、人との共感を開発する、真の聖者であると言えよう。一方、「作為者」は音楽に共感することができないので、音楽を用いて自分を誇示する者である。テクニックの追及に邁進し世間的な成功を収めるが、自分の内面への足がかりを感じる能力を失っている。彼の表現がかなり難しいので、私なりに言い換えてみると、「共感者」は「（精神的な意味で）音楽のために生きる者」、「作為者」は「音楽によって生きる（生活する）者」、となるであろうか。「音楽家」と「音楽屋」などと言い換えてもよいかもしれない。

後者の「作為者」は、テーリヒェンによるとさらにエスカレートしていき次のような段階へ至る。まず「偽聖者」。これは「作為者」の中で最も多数派を占める。「作為者」が「共感者」のように演技するので、偽の聖者と言われる。そして、最後に来るのが「貪婪者」だ。キャリア、賞賛、利益を求めるあまり、それだけを考えそのために行動する。

テーリヒェンの著作では名指しはしていないものの、「共感者」の代表がフルトヴェングラーを、「作為者」の最後のそして最悪の段階である「貪婪者」の代表がカラヤンを指すことは、文脈からも明らかである。

彼の分析で私が秀逸だと思うのは、フルトヴェングラーとカラヤンの間に最も多数派を占める中間段階「偽聖者」があるということだ。彼によればベルリン・フィルに現れた多くの指揮者やソリストたちがそうであったらしい。「偽聖者」たちはまずは「作為者」なのだが、音楽に没入できずむしろそれを借りて立身出世をはかるという姿を巧妙に誤魔化す術を心得ている。隠すだけでなく、自分があたかも音楽の権化、音楽の無私の奉仕者に見えるような演技をする。

ところでテーリヒェン自身は明言を避けているし、書きづらかっただろうと思うが、このカテゴリーにまず当のベルリン・フィルの楽員たちは無縁だったのだろうか。技術的には最高のレベルにある彼らも、おそらく多くが「作為者」として、演奏家同士の競争に勝ち抜き、楽団に入って来たのではないのか。そして、「作為者」の上位段階である「偽聖者」や「貪婪者」として舞台に次々と登場するソリストや指揮者たちと共に演奏するにつれ、ますます影響を受けたのではなかろうか。テーリヒェンがこれらの著作を出版した後に、多くの楽団員たちの不興をかったのは、このような彼の主張と無関係ではないように思える。

> ……われわれはわがマエストロをあらゆる長所と弱点を含めて知っており、彼こそわれわれのためになる人物だと確信した。彼とともにわれわれは自分の能力を、つまり本来はわれわれ自身を金に替えたかったのだ。われわれは自分のやっていることがわかっていなかったとか、選択に「ミス」があったなどとは、だれにも言わせない。彼は宣伝の太鼓を叩かせ、あるいはみずから打ち鳴らし、スポットライトを操作して、自分の企てに光を当てた。彼は自分たちの価格を決定し、それはどこであろうと支払われないことはなかった。われわれにとってもけっこうなことだった。全世界がわれわれを羨んだ。
>
> （『警告』一七〇～一ページ）

かつての選択が結局はブーメランとなって彼自身に戻ってこようとも、だからこそなおのこと、テーリヒェンのこの世への警告は極めて的確なものであると私は思う。たとえ彼自身の言動に不十分さや矛盾が見出されるからと言って、その主張の価値が減じることはないだろう。なぜなら、彼はまさに最先端の音楽の現場の渦中にあって、時には身を委ねたり、反発したりしながら、必死で自らの道を模索して結論に達したからだ。

このような経験や考察を積み重ねる中で、晩年のテーリヒェンの思いはフルトヴェングラーへと否応なく回帰していったのではないか。技術や効果、あるいは権威に頼って音楽することをやめよう、人を欺いて奪うのでなく、誠実に自分をさらけ出し与えるべきだ、と彼は言う。

……読者が自分の観察、経験、そして——まだ意識的に形成されていないかもしれないが——感覚とまともに取り組む気になること、この世界、この社会のありように同じような不快感を覚える人々が、抵抗を起こす勇気を鼓舞されることを、私は願っている。

私たちの生をまるごとからめとろうとして押しよせる潮に屈せず、内なる王国を侵害させず、まして破壊などさせないだけの力と自負心をそなえた者はなんと少ないことか。だれもがたんなる「消費者」になりたがるわけではないが、だれもが「抵抗の戦士」になれるわけでもない。……

内省と回心の必要性に気づいている者は多いが、なにかまともなこと、あるいは必要なことをするためでさえ、いまなにに対抗し、なんのために、闘うべきなのか、いかなる声を聞かなければならないのか、知っているものはいるだろうか。事態を洞察した人の声はここかしこで聞こえはするが、しばしば呼び売りや誘惑者の大声にかき消されてしまう。

（『警告』十〜十一、十四ページ）

テーリヒェンの著作が刊行されて三五年もの年月が経った今、果たして私たちは彼の警告への答えを持っているのだろうか。現代の状況は、彼が憂えた状況がさらにエスカレートし、ほぼ頂点に行き着いたとも言ってもよいくらいである。少なくとも音楽と人間の行く末を占う予言者として、テーリヒェンが大変に優れた人であったことは証明されたことになる。

私自身の思いを言えば、これほど音楽に取り巻かれているようでいながら、本当に音楽と出会えているような気がしないのはなぜか、という日頃の疑問への答えがテーリヒェンの叙述にはあると感じる。たいていのメディアから流れてくるのは、「音楽」という芝居であり、「音楽家」というポーズなのである。そういう虚飾を捨てて、私たちは音楽そのものへ内なる思いをあらためて確認することが必要なのだ。

フルトヴェングラーの語り部として、また自らの作品でもヨナを通じて人々に警鐘を鳴らし続けたテーリヒェン。いつの時代でもそうだが、破滅が迫っているとしてもその危機感を本当に共有できる人はほんのわずかである。だからこそ、識者は結束しなければならないし、認識から実際の行動へと繋げていきたいのである。確かに難しいが、やらないといけない。

ヴェルナー・テーリヒェン年譜

1921　ノイハルデンベルクに出生。戦時中は兵役と収容所生活を送って後、ベルリン音大で作曲と指揮を学ぶ。

1947　ベルリン国立歌劇場管弦楽団員として、フルトヴェングラー指揮のヴァーグナー《トリスタン》を体験する。

1948　ベルリン・フィルハーモニーへ入団。

1953　「フルート協奏曲」作品二九、オーレル・ニコレ独奏、セルジュ・チェリビダッケ指揮ベルリン・フィルで初演。

1954　「ティンパニー協奏曲」作品三四、初演。

1956 「ヴァイオリン協奏曲」作品三六、ヘルムート・ヘラー独奏、マタチッチ指揮シュトゥットガルト州立管弦楽団で初演。

1958 《アナクシマンドロスの最期》(一幕の室内オペラ)、ベルリンでヘルマン・シェルヘン指揮で初演。

1960 「ベルリン芸術賞」受賞。「クラリネット、ファゴット、ホルンと弦楽五重奏のための八重奏曲」作品四〇がベルリン・フィル八重奏団により初演。

1961 「ピアノ協奏曲第一番」作品三九、アルフレート・ブレンデル独奏、カラヤン指揮ベルリン・フィルで初演。

1965 《オーケストラの総会》作品四二(管弦楽曲)、テーリヒェン指揮ベルリン・フィルで初演。「ピアノ協奏曲第二番」作品四四、園田高弘独奏、セルジュ・チェリビダッケ指揮でヴェニスで初演。

1966 「チェロ協奏曲」作品四一、ティボール・デ・マヒュラ独奏、オイゲン・ヨッフム指揮フランクフルト放送響により初演。

1967 「オーボエ協奏曲」作品四六、ローター・コッホ独奏、カール・メレス指揮ベルリン・フィルで初演。

1969 息子ニコライ誕生。後にジャズ・ピアニスト、作曲家になる。

1972 「クラリネット協奏曲」作品五一、カール・ライスター独奏、テーリヒェン指揮によりドルトムントで初演。

1976　《オマージュ》作品五四、ベルリン・フィルの十二人のチェリストが初演。

1977　「二人のティンパニー奏者、一人の歌手、合唱とオーケストラのための《太鼓合戦》」作品五五（ギリシャの叙事詩『蛙と鼠の合戦』を主題にした協奏曲）、カラヤン指揮ベルリン・フィルで初演。

1983　「アルト・ソロ、合唱、オーケストラと電子楽器のための《全能の神》」（詩篇一三九番に作曲）、ベルリン・フィルによって初演。

1984　ベルリン・フィルを引退。

1987　*Paukenschläge*（邦訳『フルトヴェングラーかカラヤンか』一九八八　高辻知義訳　音楽之友社）刊行。

1991　*Immer wieder Babylon oder Musik als Sprache der Seele*（邦訳『あるベルリン・フィル楽員の警告　心の言葉としての音楽』一九九六　平井吉夫・高辻知義訳　音楽之友社）刊行。

2005　音楽劇《あと四十日》、二月二十五日、二十六日、野口剛夫指揮、東京フルトヴェングラー研究会により東京・渋谷で世界初演（電子オルガン・アンサンブルによる演奏会形式）。

2008　四月二十四日、八十六歳で死去。ベルリンのニコラゼー福音教会墓地に葬られる。

2021　東京・小松川で十二月二十六日、テーリヒェン生誕百年を記念して音楽劇《あと四十日》が再演予定（オーケストラによる演奏会形式）。

ヴェルナー・テーリヒェンの墓（ベルリン郊外のニコラゼーにある）

＊音楽劇《あと四十日》の楽譜や公演のライブ記録等についてのお問合せは、公演主催者の東京フルトヴェングラー研究会までご連絡ください。
E-mail　ototokotoba@yahoo.co.jp
HP　https://www.facebook.com/FurtwaenglerInstituteTokyo/

編訳者プロフィール

野口 剛夫（のぐち・たけお）

作曲家、指揮者、音楽学者。1964年東京生まれ。中央大学大学院（哲学）、桐朋学園大学研究科（音楽学）を修了。現在東京フルトヴェングラー研究会代表。著書に『フルトヴェングラーの遺言』（春秋社）、『ベートーヴェンは怒っている！』（アルファベータブックス）、訳書にシェンカー『ベートーヴェン第５交響曲の分析』（音楽之友社）、フィッシャー＝ディースカウ『フルトヴェングラーと私』（河出書房新社）、『伝説の指揮者フェレンツ・フリッチャイ』（アルファベータブックス）他がある。2005年、テーリヒェン最後の作品、音楽劇《あと四十日》を東京で世界初演した。2014年『新潮45』掲載の論説、「“全聾の天才作曲家”佐村河内守は本物か」により第20回「編集者が選ぶ雑誌ジャーナリズム賞」作品賞を受賞。

あと四十日《よんじゅうにち》 “フルトヴェングラーの証人《しょうにん》”による現代《げんだい》への警告《けいこく》

2021年12月31日　第1刷発行

著　者　　ヴェルナー・テーリヒェン
編訳者　　野口剛夫
発行人　　春日俊一
発行所　　株式会社 アルファベータブックス
〒102-0072 東京都千代田区飯田橋2-14-5
Tel 03-3239-1850　Fax 03-3239-1851
website http://alphabetabooks.com　e-mail alpha-beta@ab-books.co.jp

装丁　株式会社 アンシークデザイン
印刷　株式会社 エーヴィスシステムズ
製本　株式会社 難波製本
用紙　株式会社 鵬紙業

ISBN 978-4-86598-096-7　C0073

アルファベータブックスの本

ベートーヴェンは怒っている！

ISBN978-4-86598-085-1（20・12）

野口 剛夫 編著

現代人よ、いま彼の言葉から学べ！　大衆に迎合しない。現状に妥協しない。高い理想をかかげ、そのギャップと闘いながら誰よりも人間らしく生きようとしたベートーヴェン——混迷を極めるいま、彼が遺した言葉の数々に改めてスポットライトを当てる。

【ベートーヴェン生誕250年記念出版】　B６変上製　定価1980円（税込）

【増補新版】チェリビダッケ 音楽の現象学

ISBN978-4-86598-032-5（17・05）

セルジュ・チェリビダッケ 著　石原 良哉 翻訳

チェリビダッケが、1985年にミュンヘン大学で満員の聴衆を集め行なった歴史に残る講演録。音楽の現象学とはなにか。黒板とピアノを使い、名指揮者が熱く語った内容を忠実に本に再現した。

四六判上製　定価2750円（税込）

伝説の指揮者フェレンツ・フリッチャイ
自伝・音楽論・讃辞・記録・写真

ISBN978-4-87198-312-9（15・03）

フェレンツ・フリッチャイ 著　フリードリヒ・ヘルツフェルト 編　野口 剛夫 編訳

音楽に魂を捧げた指揮者が書き遺した、「モーツァルトとバルトーク」論。他に、自伝的エッセイ、共演者、関係者による追悼文、生涯にわたる写真、演奏、録音記録を収録。

A5判上製　定価3520円（税込）

巨匠フルトヴェングラーの生涯

ISBN978-4-87198-571-0（10・11）

ヘルベルト・ハフナー 著　最上 英明 翻訳

フルトヴェングラーにまつわる風説を事実と照らし合わせ、「神話」の背後にある真の人物像を提示する。膨大な資料、同時代の証言者とのインタビューにより、旧来の誤りを訂正し、新たな知見ももたらす。評伝であるとともに、ドイツの四つの時代の政治体制そのものを描く近現代史でもある。

A5判上製　定価5170円（税込）

ベルリン・フィル その歴史秘話

ISBN978-4-87198-570-3（10・09）

菅原 透 著

誕生の経緯、忘れられた常任指揮者、戦前に8人もいた女性指揮者、初期の国外ツアー…世界一有名なオーケストラの知られざる12のエピソード。

A5判上製　定価2420円（税込）